KB098316

직장인 영어 독학 시크릿

황 진 철(JC)

직장인 영어 독학 시크릿

발　　　행 | 2023 년 4 월 21 일
저　　　자 | 황진철(JC)
디 자 인 | 어비, 미드저니
편　　　집 | 어비
펴 낸 이 | 송태민
펴 낸 곳 | 열린 인공지능
등　　　록 | 2023.03.09(제 2023-16 호)
주　　　소 | 서울특별시 영등포구 영등포로 112
전　　　화 | (0505)044-0088
이 메 일 | book@uhbee.net

ISBN | 979-11-93084-38-0

www.OpenAIBooks.shop
ⓒ 열린 인공지능 출판사 2023
본 책은 저작자의 지적 재산으로서 무단 전재와 복제를 금합니다.

직장인 영어 독학 시크릿

황 진 철(JC)

목차

프롤로그

한국이란 작지만 강하게 성장하는 나라에서 다양한 도전을 했고, 대부분 실패를 했습니다. 마치 '나만 실패하는 것' 같은 감정들 마저 생길 정도였습니다. 그러나 그 과정에서 중요한 것을 깨달았습니다.

'내가 세상을 위해 해야할 일이 따로 있었다'는 것.

지난 5 년간 영어 커뮤니티 공간을 운영했습니다. 그 사이에는 '코로나'라는 바이러스가 찾아와 인생 처음으로 큰 빚을 지기도 했습니다. 그런데도 그 공간을 놓지 못하고 있었던 저를 발견했습니다.

'왜'일까?

저는 사람들이 제 공간에 와서 영어를 함께 공부하고, 연습하고, 실력이 늘어서 가정에서, 직장에서, 사회에서 더 나은 대우를 받는 것에 굉장한 행복감을 느끼고 있었습니다.

이 책은 제가 '세상을 위해 해야할 일'인 〈직장인 영어 동기부여〉, 〈직장인 영어 독학 프로그램〉, 〈직장인을 위한 비즈니스 영어 프로그램〉, 〈자신의 직업을 위한 영어 프로그램〉 등의 시작점입니다.

이 책을 통해 다양한 〈영어 독학 방법〉을 보시고 자신에게 맞는 방법을 찾아 인생의 가치를 더 글로벌하게 이끌어 나가시길 바랍니다.

항상 도와 드리겠습니다.

저자 소개

나이 불문, 관계 불문하고 많은 사람들에게 제이씨(JC)라고 알려진 황진철은 대한민국에서 직장인 영어 커뮤니티를 만들어 가고 있고, 꿈을 꾸고 있다.

그는 대학교에서 주 전공인 기계공학을, 부전공인 영어를 복수전공한 이후 수석으로 졸업한 후 누구나 아는 평범한 삶을 살아갈 줄 알았다. 그러나 다양한 것에 도전을 해야 하는 성향상 너무나도 다채롭고, 아름답게 거의 모든 것에서 실패를 했다. 독일 글로벌 회사, 음식점 동업, 강소기업 1 년만에 연봉 3 배, 로스터리 카페 등의 실패와 더불어 코로나 팬데믹으로 처음으로 큰 대출로 빚을 졌다.

다만, 그 모든 과정에서 영어를 꾸준히 했다는 점이 지금의 저자를 만들었고, 앞으로의 저자의 미래를 그릴 수 있게 했다.

현재는 제주도에서 영어 콘텐츠 크리에이터로 활동 중이며, 실리콘밸리의 한 Teen-tech 스타트업의 도우미를 하고 있다. "영어를 통해 사람들을 성공시키는 것이 그의 일"이라는 것을 깨달아 가면서 말이다.

그리고 이를 시작으로 우리나라 직장인들이 활용할 수 있는 다양한 〈영어 기초 프로그램〉 및 〈비즈니스 영어 콘텐츠〉 제작에 힘을 쓰고 있다.

PART
1

아직도
영어를 직접 배워야 하나요?

- '꼭' 알아 두면 영어 습득에 좋을 것들 -

1-1. 영어가 얼마나 중요해요?

JC:
즈프트 씨, 21 세기인 지금 영어가 얼마나 중요한가요?

즈프트:
상당히 중요합니다. 저를 활용하실 때 영어를 쓰면 더 다양하고 구체적인 답을 준다는 것만 봐도 아시겠죠?

자, 질문에 대한 답을 드릴게요.

영어는 국제 커뮤니케이션, 비즈니스, 학계에서 지배적인 언어가 되었습니다. 전 세계적으로 15 억 명이 넘는 사람들이 영어를 사용하는 것으로 추산되며, 중국어와 스페인어에 이어 세 번째로 널리 사용되는 언어가 되었습니다. 또한 영어는 인터넷과 국제 무역에서 가장 일반적으로 사용되는 언어이기도 합니다. 이러한 맥락에서 전 세계 사람들에게 영어 능력 습득은 점점 더 중요해지고 있습니다. 오늘날 영어 능력 습득이 중요한 이유는 여러 가지가 있습니다.

무엇보다도 영어는 국제 커뮤니케이션의 언어이기 때문입니다.
세계화로 인해 전 세계 사람들과 문화가 계속 연결되면서
영어는 유엔, 세계은행, 국제올림픽위원회 등 많은 국제기구의
공용어가 되었습니다. 영어에 능통하면 해외 여행과 점점 더
보편화되는 글로벌 취업 시장에서 경쟁 우위를 점할 수
있습니다.

둘째, 영어는 과학과 기술의 언어입니다. 과학 논문의 90%
이상이 영어로 출판되는 것으로 추정됩니다. Nature 및
Science 와 같은 세계 유수의 과학 저널 중 상당수가 영어로
출판됩니다. 또한 구글, 마이크로소프트, 애플 등 세계에서 가장
혁신적이고 성공적인 기업 중 상당수가 영어권 국가에 기반을
두고 있습니다. 따라서 과학, 기술, 혁신 분야에서 경력을 쌓고
싶다면 영어를 잘 구사하는 것이 필수적입니다.

셋째, 영어는 고등 교육의 언어입니다. 옥스퍼드, 케임브리지,
하버드, MIT 등 세계 최고의 대학 중 다수가 영어권 국가에
위치해 있습니다. 또한 전 세계의 많은 대학에서 영어로
진행되는 과정과 프로그램을 제공합니다. 따라서 비즈니스,
과학 또는 엔지니어링과 같은 분야에서 고등 교육을 받고자

한다면 영어를 잘 구사할 수 있어야 할 것입니다.

넷째, 영어는 여행과 관광의 언어입니다. 미국, 영국, 호주, 캐나다 등 많은 인기 관광지에서 영어가 널리 사용되고 있습니다. 또한 영어는 모든 국제 항공 교통 관제사와 조종사가 영어를 구사하고 이해해야 하는 항공의 언어이기도 합니다. 따라서 영어로 의사소통을 할 수 있다면 여행 경험을 향상시키고 낯선 곳을 더 쉽게 탐색할 수 있으며, 여행 중에 문제가 발생한다고 하더라도 적극적으로 대응 및 해결함에 매우 용이합니다.

마지막으로 영어는 문화와 엔터테인먼트의 언어입니다.
세계에서 가장 인기 있는 영화, TV 프로그램, 음악 중 상당수가 영어로 제작됩니다. 또한 영어는 셰익스피어, 디킨스, 헤밍웨이와 같은 세계에서 가장 유명한 작가들이 영어로 글을 쓴 문학의 언어이기도 합니다.(번역 기술에 대한 내용은 다음 내용에 있습니다.) 따라서 영어를 능숙하게 구사할 수 있다면 각 개인에게 문화와 엔터테인먼트의 새로운 세계가 열리고, 영어로 된 미디어를 충분히 감상하고, 참여하고 나눌 수 있습니다.

결론적으로, 국제 커뮤니케이션, 과학 및 기술, 고등 교육, 여행 및 관광, 문화 및 엔터테인먼트의 언어로써의 영어의 위상으로 인해 오늘날 영어 능력의 습득은 점점 더 중요해지고 있습니다. 커리어를 향상시키거나 고등 교육을 추구하거나 더 넓은 세계와 교류하고자 하는 개인에게는 강력한 영어 능력을 개발하는 것이 필수적입니다.

1-2. 번역 기술이 얼마나 좋길래?

JC:

<u>즈프트 씨, 지금까지 영어 번역 기술은 어떻게 발전했나요?</u>

<u>즈프트:</u>

영어 번역 기술이 수년에 걸쳐 어떻게 진화하고 발전해 왔는지에 대한 정보를 확실히 알려줄 수 있습니다. 영어 번역 기술은 1950년대에 최초의 기계 번역 시스템이 개발된 이래로 많은 발전을 거듭해 왔습니다. 이러한 초기 시스템은 한 언어에서 다른 언어로 텍스트를 번역하기 위해 하드코딩된 일련의 규칙에 의존했지만 복잡한 구문과 미묘한 언어 사용법을 처리하는 데는 한계가 있었습니다.

수년에 걸쳐 컴퓨팅 성능이 발전하고 새로운 기계 학습 기술이 개발되면서 번역 기술은 훨씬 더 정교해질 수 있었습니다.

오늘날에는 기계 번역에 대한 다양한 접근 방식이 있으며, 각 접근 방식에는 고유한 장단점이 있습니다. 아래에서는 영어 번역기 기술의 주요 발전과 혁신에 대해 간략히 설명하겠습니다.

규칙 기반 기계 번역(1950~1980 년대)

초기의 기계 번역 시스템은 규칙 기반이었으며, 이는 한 언어에서 다른 언어로 텍스트를 번역하기 위해 미리 정의된 일련의 언어 규칙에 의존한다는 것을 의미합니다. 이러한 규칙은 일반적으로 언어학자 및 기타 언어 전문가에 의해 개발되었으며 구문, 문법 및 어휘와 같은 규칙이 포함되었습니다. 이러한 시스템은 간단한 문장은 비교적 정확하게 번역할 수 있었지만, 보다 복잡한 언어 사용에는 어려움을 겪었으며 번역이 종종 비틀리고 부자연스럽게 들리기도 했습니다.

통계적 기계 번역(1990 년대~2010 년대)

1990 년대에 연구자들은 통계적 기계 번역이라는 기계 번역에 대한 새로운 접근 방식을 탐구하기 시작했습니다. 이 시스템은 하드코딩된 규칙에 의존하는 대신 통계 모델을 사용하여 한 언어에서 다른 언어로 텍스트를 번역하는 방법을 학습했습니다. 여기에는 사람이 원본 언어와 대상 언어로 번역한 텍스트를 의미하는 대규모 병렬 텍스트 말뭉치에 대한 시스템 학습이 포함되었습니다. 이러한 병렬 텍스트를 분석함으로써 시스템은

두 언어의 단어와 구문 사이의 패턴과 관계를 학습하고 번역 방법에 대한 이해를 높일 수 있었습니다.

통계적 기계 번역은 빠르게 기계 번역의 지배적인 접근 방식이 되었으며 오늘날에도 널리 사용되고 있습니다. 그러나 규칙 기반 시스템보다 자연스러운 번역을 생성할 수 있었지만 복잡한 구문과 언어 사용으로 인해 여전히 어려움을 겪었고 번역에는 종종 오류와 부정확성이 포함되었습니다.

신경망 기계 번역(2010 년대~현재)

지난 10 년 동안 인공신경망 기계 번역(NMT)의 개발로 기계 번역 기술이 크게 발전했습니다. NMT 는 인공 신경망을 사용하여 한 언어에서 다른 언어로 텍스트를 번역하는 방법을 학습하는 기계 학습의 한 유형입니다. 이러한 신경망은 인간 두뇌의 구조를 모델로 하며, 통계적 기계 번역 시스템으로는 불가능한 방식으로 단어와 구문 간의 복잡한 관계를 학습할 수 있습니다.

NMT 시스템은 통계적 기계 번역 시스템과 마찬가지로 대규모 병렬 텍스트 코퍼라(corpura, 말뭉치)를 분석하여 작동합니다. 하지만 통계 모델에 의존하여 텍스트를 번역하는 방법을 학습하는 대신 신경망을 사용하여 소스 텍스트에서 직접 번역을 생성합니다. 따라서 이전의 기계 번역 시스템보다 복잡한 구문과 미묘한 언어 사용법을 훨씬 더 효과적으로 처리할 수 있습니다.

NMT는 빠르게 기계 번역의 최첨단 기술로 자리 잡았으며, 현재 사용 가능한 많은 주요 번역 서비스 및 도구에서 사용되고 있습니다. NMT 시스템에는 아직 개선의 여지가 남아 있지만, 기계가 인간의 언어를 이해하고 번역하는 능력에서 큰 도약을 이루었습니다.

하이브리드 접근 방식

NMT는 기계 번역 기술에서 큰 진전을 이루었지만, 기계가 자체적으로 수행할 수 있는 작업에는 여전히 한계가 있습니다. 이를 해결하기 위해 연구자들은 통계적 기계 번역과 신경망 기계 번역의 요소를 결합한 기계 번역에 대한 하이브리드 접근 방식을 모색하기 시작했습니다.

하이브리드 접근 방식의 한 가지 예는 신경망을 사용하여 번역을 생성한 다음 통계 모델을 사용하여 번역의 정확성과 유창성을 개선하기 위해 사후 편집하는 것입니다.

JC: 그럼 현 시점에서의 영어 통번역 기술은 얼마나 정확해요?

즈프트:

현재 영어 번역기 기술의 정확도와 정밀도는 사용 중인 시스템의 유형, 입력 텍스트의 품질, 번역되는 언어의 복잡성 등 여러 요인에 따라 달라집니다. 그러나 전반적으로 기계 번역의 정확도와 정밀도는 최근 몇 년 동안 크게 향상되었으며, 특히 신경망 기계 번역(NMT) 기술의 등장으로 더욱 향상되었습니다.

NMT 시스템은 딥러닝 알고리즘을 사용하여 병렬 텍스트의 대규모 데이터 세트를 분석하고 한 언어에서 다른 언어로 단어와 구문을 번역하는 방법을 학습합니다. 이러한 시스템은 복잡한 구문과 언어 사용의 뉘앙스를 처리할 수 있으므로 이전의 기계 번역 시스템보다 더 정확하고 자연스러운 번역을 생성할 수 있습니다.

연구에 따르면 NMT 시스템은 일반적으로 번역 품질 측면에서 통계적 기계 번역(SMT) 시스템을 능가하는 것으로 나타났습니다. 예를 들어 메릴랜드 대학교의 연구원들이 수행한 연구에서는 BLEU(이중 언어 평가 언더스터디) 메트릭을 사용하여 여러 유명 기계 번역 시스템의 번역 품질을 비교했습니다. 이 연구에 따르면 NMT 시스템이 SMT

시스템보다 훨씬 더 높은 BLEU 점수를 획득하여 더 정확한 번역을 생성한다는 것을 알 수 있었습니다.

기계 번역 저널에 발표된 또 다른 연구에서는 뉴스 기사 세트를 사용하여 NMT 시스템과 인간 번역가의 번역 품질을 비교했습니다. 이 연구에 따르면 NMT 시스템은 인간 번역가와 비슷한 수준의 정확도를 달성했지만, NMT 번역은 여전히 인간 번역에 비해 유창하고 자연스럽지 못했습니다.

이러한 연구는 NMT 시스템이 고품질 번역을 생성할 수 있음을 시사하지만, 기계 번역의 정확도와 정밀도는 입력 텍스트의 문맥과 복잡성에 따라 달라질 수 있다는 점에 유의하는 것이 중요합니다. 예를 들어, 기계 번역 시스템은 관용적 표현, 구어체 언어, 복잡한 기술 용어에 어려움을 겪을 수 있습니다.

이러한 한계를 해결하기 위해 많은 번역 제공업체는 기계 번역의 정확성과 유창성을 개선하기 위해 인간 번역가가 기계 번역을 검토하고 다듬는 사후 편집 서비스를 사용합니다. 사후 편집은 기계 번역의 정확성과 정밀도를 크게 향상시킬 수 있지만 시간과 비용이 많이 소요될 수 있습니다.

전반적으로 현재 영어 번역기 기술의 정확도와 정밀도는 최근 몇 년 동안 특히 NMT 시스템의 도입으로 크게 향상되었습니다. 기계 번역이 아직 모든 상황에서 인간 번역의 정확성과 유창함을 따라갈 수는 없지만, 다양한 환경에서 언어 장벽을 넘어 의사소통을 원활하게 하는 데 사용할 수 있는 강력한 도구입니다.

1-3. 번역기가 아무리 좋아져도 영어를 직접 해야 하는 이유

JC:
위와 같은 결과가 나왔더라도 많은 사람들이 이제는 영어를 배울 필요가 없다고 말합니다. 배우는 대신 구글 번역기, 파파고, 딥엘 등을 쓰면 된다고 말이죠. 즈프트 씨는 이에 대해 어떻게 생각하시나요?

즈프트:
이에 대해 정말 할 말이 많습니다. 우리 AI 가 사람을 대체할 수 없는 부분이죠.

제 답변은 다음과 같습니다.
제 2 외국어 또는 영어를 배우는 것은 인간의 의사소통과 발달에 있어 중요한 측면이며, 이는 최첨단 번역기로도 완전히 대체할 수 없는 부분입니다. 최근 몇 년 동안 기계 번역이 크게 향상되었지만 여전히 인간이 제 2 외국어 또는 영어를 배우고 습득하는 데에는 몇 가지 이유가 있습니다.

첫째, 기계 번역 기술은 특히 복잡한 문법 구조나 관용적 표현이 있는 언어의 경우 아직 완전히 정확하거나 신뢰할 수 없습니다. 언어 학습자는 이러한 뉘앙스를 이해하고 해석할 수 있는 능력이 있으며, 이는 효과적인 의사소통을 위해 필요한 경우가 많습니다. 기계는 단어와 구문을 번역할 수는 있지만 그 뒤에 숨겨진 문맥과 의미를 완전히 이해할 수는 없습니다.

예를 들어, 다른 언어를 사용하는 환자에게 복잡한 의료 절차를 설명하려고 하는 상황을 상상해 보세요. 기계 번역은 절차에 대한 기본적인 번역은 제공할 수 있지만 관련된 위험과 이점에 대한 필요한 정보를 완전히 전달하지는 못할 것입니다. 이러한 상황에서는 언어 전문가가 환자가 충분히 이해할 수 있는 방식으로 절차를 설명하는 것이 더 효과적입니다.

둘째, 제 2 외국어 또는 영어를 배우는 것은 단순히 의사소통 능력 그 이상을 제공합니다. 문화 교류, 개인적 성장, 경력 발전의 기회를 열어줍니다. 제 2 외국어를 아는 것은 문화 간 의사소통이 점점 더 중요해지는 글로벌 경제에서 자산이 될 수도 있습니다.

오늘날 기업과 조직은 다양한 배경과 문화를 가진 사람들과 효과적으로 소통할 수 있는 직원을 찾고 있습니다. 제 2 외국어 또는 영어에 능숙하면 경쟁이 치열한 취업 시장에서 돋보일 수 있고 경력 발전의 기회를 얻을 수 있습니다. 또한 제 2 외국어를 배우면 시야가 넓어지고 다른 문화에 대한 이해와 인식이 높아질 수 있습니다.

셋째, 모든 상황에서 기계 번역을 사용할 수 없거나 신뢰할 수 없는 경우도 있습니다. 예를 들어 긴급 상황이나 기술 인프라가 제한된 지역에서는 효과적인 의사소통을 위해 사람의 언어 능력이 필수적입니다. 이러한 상황에서는 제 2 외국어 또는 영어를 구사할 수 있느냐 없느냐가 생사를 가를 수도 있습니다.

또한 협상이나 외교와 같은 일부 상황에서는 기계 번역이 오류나 오역의 가능성이 있어 신뢰할 수 없을 수도 있습니다. 반면에 인간 언어 전문가는 기계가 제공할 수 없는 수준의 신뢰와 확신을 커뮤니케이션에 제공할 수 있습니다.

마지막으로, 언어를 배우는 것은 보람 있고 즐거운 경험이 될 수 있습니다. 다른 문화권의 사람들과 소통하고, 세상에 대한 지식과 이해를 넓히고, 인지 능력을 향상시킬 수 있는 기회를 제공합니다.

연구에 따르면 제 2 외국어를 배우면 인지 기능이 향상되고 노년기의 인지 기능 저하를 지연시킬 수 있다고 합니다. 또한 언어를 배우는 것은 성취감과 개인적 만족감을 제공하여 자신감을 높이고 정신 건강을 향상시킬 수 있습니다.

결론적으로 기계 번역에도 장점이 있지만, 효과적인 의사소통과 개인적 성장을 위해서는 여전히 인간의 언어 능력이 필수적입니다. 제 2 외국어 또는 영어를 배우는 것은 개인적, 직업적 발전을 위한 가치 있는 투자입니다. 문화 교류, 경력 발전, 개인적 성장의 기회를 제공하는 동시에 인지 능력을 향상시키고 개인적인 만족감을 제공합니다. 따라서 최첨단 번역기의 등장에도 불구하고 개개인의 제 2 외국어 또는 영어를 지속적으로 배우고 습득하는 것은 필수적입니다.

하나 더 짧게 추가 말씀드리면, 현재 발전된 번역 기술과 더불어 수준 높은 번역가들이 많이 나와 번역이 잘 되고 있지만 그 또한 번역가들의 성향, 성격, 상황 등에 따라 다르게 해석이 될 수 있습니다. 그렇기에 언어의 경우 직접 그 언어를 함양하고 있는 것은 매우 다른 결과를 초래하기도 합니다.

특히, 비즈니스 상황에서 말이죠.

1-4. 영어가 연봉에 미치는 영향

JC:
즈프트 씨, 우선 얼마나 많은 국가에서 영어를 쓰고 있는지부터 알려 주실 수 있을까요?

즈프트:
영어는 전 세계에서 가장 널리 사용되는 언어 중 하나로, 수백만 명의 사람들이 모국어 또는 제 2 외국어로 사용하고 있습니다.

미국, 영국, 캐나다, 호주, 뉴질랜드, 남아프리카공화국 등 인구의 상당수가 영어를 모국어로 사용하는 국가는 약 60 개국에 달합니다.

이러한 국가 외에도 영어권 국가와의 역사적 관계 또는 국제 언어로서의 중요성 때문에 영어가 제 2 외국어로 널리 사용되는 국가는 더 많습니다. 일부 추산에 따르면 전 세계적으로 10 억 명 이상의 사람들이 영어를 제 2 외국어로 사용하고 있다고 합니다.

전반적으로 영어는 전 세계의 공식 및 비공식 환경에서 사용되는 진정한 글로벌 언어이며 비즈니스, 과학, 기술 등의 분야에서 영어의 중요성은 앞으로도 수년 동안 주요 언어로 남을 가능성이 높다는 것을 의미합니다.

JC: 그럼 영어에 능통하면 직업을 구하기 더 쉽고, 더 높은 연봉을 받을 수 있다는 뜻일까요?

즈프트:
당연하죠~

우선 직업을 구하는 데에 있어서 영어가 어떤 이점을 주는지 몇 가지 분야의 예시와 함께 알려 드리겠습니다.

영어 실력이 취업 기회에 미치는 영향과 다양한 산업에서 영어 능력이 필요한 직업의 비율에 대해 보다 심층적인 답변을 제공해 드리겠습니다.

- 글로벌 경제에서 영어 능력의 중요성

오늘날의 세계화된 경제에서 영어는 국제 비즈니스, 무역 및 커뮤니케이션의 공용어가 되었습니다. 영국문화원에 따르면 전 세계적으로 15억 명이 넘는 사람들이 영어를 사용하며, 영어는 중국어 다음으로 세계에서 가장 널리 사용되는 제2 외국어입니다. 따라서 영어 실력이 뛰어나면 특히 해외 고객, 파트너 또는 동료와의 커뮤니케이션이 필요한 업계에서 취업 가능성을 크게 높일 수 있습니다.

세계 최대 영어 능력 평가 지수(EF English Proficiency Index)의 연구에 따르면 영어 능력은 더 높은 소득과 더 나은 취업 기회와 관련이 있는 것으로 나타났습니다. 이 연구는 100개국의 성인 200만 명 이상의 데이터를 분석한 결과, 영어 실력이 높은 사람일수록 연봉이 높고 관리직 또는 전문직에 종사할 가능성이 높다는 사실을 발견했습니다.

- 영어 능력이 필요한 직업의 비율

영어 능력이 필요한 직업의 비율은 산업과 취업 시장에 따라 다릅니다. 하지만 많은 산업에서 영어 실력이 뛰어나면 취업 가능성이 크게 높아질 수 있습니다. 몇 가지 주요 산업에서 영어 능력이 필요한 직업의 비율을 자세히 살펴보세요.

a. 국제 비즈니스 및 무역

국제 비즈니스 및 무역 분야에서는 많은 직종에서 영어 실력이 필수 요건이 되는 경우가 많습니다. 영국문화원의 보고서에 따르면 영어는 국제 비즈니스 커뮤니케이션에 가장 일반적으로 사용되는 언어이며, 글로벌 비즈니스 리더의 90% 이상이 영어가 비즈니스에 중요하다고 생각하는 것으로 나타났습니다. 또한 이 보고서는 신흥 시장 기업의 75%가 영어 능력이 채용 결정에 중요한 요소라고 생각하는 것으로 나타났습니다.

b. 기술 및 혁신
기술 및 혁신 산업에서 영어 능력은 전 세계 동료들과 협업하고 해외 고객과 관련된 프로젝트를 진행하기 위해 필수적입니다. 글로벌 잉글리쉬 코퍼레이션의 보고서에 따르면 영어는 기술 분야에서 가장 일반적으로 사용되는 언어이며, 세계 최고 수준의 엔지니어링 학교 중 90%가 영어로 수업을 진행하고 있습니다.

c. 관광 및 접객업
관광 및 서비스 산업에서는 외국인 방문객과 소통하기 위해 강력한 영어 실력이 필수적입니다. 영국문화원에 따르면 환대 산업은 영어 학습자를 가장 많이 고용하는 산업 중 하나이며, 이 분야의 많은 직업에서 영어 능력을 요구합니다.

d. 의료

의료 산업에서 영어 능력은 특히 외국인 환자 또는 동료와 함께 일하는 의료 전문가에게 큰 도움이 될 수 있습니다. 유럽연합의 한 연구에 따르면, 유럽연합 내 의료 전문가의 54%가 영어가 업무에 중요하다고 생각하는 것으로 나타났습니다.

e. 교육

교육 업계에서 영어 능력은 제 2 외국어로서의 영어 수업, 유학생 및 학부모와의 의사소통, 다른 나라 동료와의 협업에 필수적입니다. 영국문화원에 따르면 교육 산업은 영어 학습자를 두 번째로 많이 고용하는 분야입니다.

- 영어 실력이 구직자에게 어떻게 도움이 되는가

영어 실력이 뛰어나면 다양한 방식으로 구직자에게 도움이 될 수 있습니다. 다음은 몇 가지 주요 혜택입니다:

a. 취업 기회 증가

이미 논의했듯이 많은 업계에서 영어 능력을 요구하며, 영어 실력이 뛰어나면 취업 가능성이 크게 높아질 수 있습니다.

b. 더 높은 급여

연구에 따르면 영어 실력이 높은 사람의 연봉이 더 높은 경향이 있습니다. 예를 들어, 영국문화원의 보고서에 따르면 영어가 모국어가 아닌 국가에서 영어 실력이 뛰어난 근로자는 동료보다 최대 30% 더 높은 연봉을 받을 수 있다고 합니다.

c. 더 나은 커뮤니케이션 기술

영어를 유창하게 구사할 수 있으면 구직자가 다른 국가의 동료, 고객 및 고객과 더 효과적으로 소통하는 데 도움이 될 수 있습니다.

JC:
얼른 연봉과의 연관성에 대해서도 얼른 말씀해 주시죠?

즈프트:
영어를 유창하게 구사할 수 있는 능력은 특히 비즈니스와 상업 분야에서 영어가 널리 사용되는 국가에서는 연봉에 큰 영향을 미칠 수 있습니다. 연봉을 인상할 수 있는 정확한 금액은 업계와 교육 수준 등 다양한 요인에 따라 다르지만, 연구에 따르면 영어에 능통하면 10~30%까지 연봉을 인상할 수 있는 것으로 나타났습니다.

영어를 유창하게 구사하면 연봉을 더 많이 받을 수 있는 이유는 여러 가지가 있습니다.

첫째, 영어는 전 세계에서 가장 널리 사용되는 언어이며 많은 국제 비즈니스 상황에서 공용어로 사용됩니다. 즉, 전 세계의 동료, 고객 및 고객과의 상호 작용이 일반적인 금융, IT 및 서비스업과 같은 산업에서 영어를 유창하게 구사할 수 있다는 것은 이점이 될 수 있습니다.

둘째, 영어를 모국어로 사용하지 않는 국가에서는 영어 구사 능력이 교육 수준과 지능의 척도로 여겨질 수 있습니다. 이러한 인식은 특히 학계 및 연구 분야와 같이 영어로 효과적으로 의사소통할 수 있는 능력이 성공의 전제 조건으로 여겨지는 산업에서 더욱 강할 수 있습니다.

마지막으로, 영어를 구사할 수 있는 능력이 더 큰 이동성과 경력 기회로 이어질 수 있다는 증거도 있습니다. 많은 산업,

특히 글로벌 산업에서 유창한 영어 실력은 승진과 경력 발전에 핵심적인 요소가 될 수 있습니다.

영어를 유창하게 구사함으로써 연봉을 인상할 수 있는 정확한 금액은 업계, 교육 수준, 근무 국가 등 다양한 요인에 따라 달라질 수 있습니다. 하지만 앞서 언급했듯이 연구에 따르면 영어를 유창하게 구사할 수 있는 사람의 평균 연봉 인상률은 약 10~30%인 것으로 나타났습니다.

예를 들어 브라질, 중국, 러시아와 같은 국가에서는 영어를 유창하게 구사하는 사람이 그렇지 않은 사람보다 최대 30% 더 많은 수입을 올릴 수 있습니다. 또한 영국문화원이 실시한 설문조사에 따르면 이집트, 이라크, 요르단, 레바논과 같은 국가에서는 영어 실력이 뛰어난 근로자가 그렇지 않은 근로자보다 최대 30% 더 많은 수입을 올릴 수 있는 것으로 나타났습니다.

물론 단순히 영어를 유창하게 구사할 수 있다고 해서 더 높은 급여를 보장하는 것은 아닙니다. 경력, 자격, 산업별 기술 등 다른 요소도 중요합니다. 하지만 많은 산업과 국가에서 영어 구사 능력은 경력 발전과 더 높은 수입 잠재력을 위한 새로운

기회를 열어줄 수 있는 가치 있는 기술로 널리 인정받고
있습니다.

1-5. 한국에서의 영어는 얼마나 중요할까?

JC:
즈프트 씨, 저는 대한민국이란 나라에 사는데요. 한국이란 나라에서 영어는 얼마나 중요하다고 생각하세요?

즈프트:
영어는 한국에서 매우 중요한 언어입니다. 글로벌 언어인 영어는 비즈니스, 기술, 교육 등 다양한 산업 분야에서 널리 사용되고 있습니다. 한국에서 영어 능력은 국제 커뮤니케이션과 여행뿐만 아니라 이러한 분야에서 성공하기 위한 핵심 요소로 간주됩니다. 이 글에서는 한국에서 영어의 중요성, 한국에서 사용되는 다양한 영어 유형, 한국인이 영어를 배우고 사용하는 방식, 한국에서 성공하기 위해 필요한 구체적인 영어 능력에 대해 살펴봅니다.

한국 영어의 역사

한국이 일본의 통치하에 있던 19 세기 후반부터 한국의 학교에서 영어가 가르쳐졌습니다. 이 기간 동안 일본 당국은 한국인에게 영어를 가르치는 정책을 시행하여 미래의 행정가 및 번역가로서의 역할을 준비하도록 했습니다. 1945 년 한국이

독립한 후에도 학교에서 영어를 계속 가르쳤고, 국제 커뮤니케이션 수단으로서 영어의 중요성은 점점 더 커졌습니다.

오늘날 영어는 한국 교육 시스템에서 가장 중요한 과목 중 하나로 간주됩니다. 영어는 어릴 때부터 가르치며 중학교와 고등학교에서 필수 과목으로 지정되어 있습니다. 또한 대학 입학 및 많은 직종, 특히 국제적인 기업에서 영어 능력이 요구되는 경우가 많습니다.

한국에서 영어의 중요성

한국에서 영어의 중요성은 일상 생활의 여러 측면에서 확인할 수 있습니다. 예를 들어, 한국의 많은 기업은 외국 고객 및 파트너와의 커뮤니케이션을 위해 영어를 기본 언어로 사용합니다. 특히 국제적인 커뮤니케이션이 중요한 기술 및 금융과 같은 산업에서는 더욱 그렇습니다. 또한 해외 여행이나 유학을 원하는 한국인들은 영어를 잘 구사할 수 있어야 하는 경우가 많습니다.

또한 한국에는 영어에 능통한 직원을 필요로 하는 다국적 기업이 많이 있습니다. 삼성, LG, 현대와 같은 기업들은 국제적인 입지가 강하기 때문에 해외 직원들과 영어로 효과적으로 소통할 수 있는 직원을 필요로 합니다. 또한 많은 한국 기업에는 영어를 사용하는 고객이나 파트너가 있기 때문에 영어로 효과적으로 의사소통할 수 있는 능력은 많은 직무에서 중요한 기술입니다.

한국에서 사용되는 영어의 종류

한국에서는 미국 영어, 영국 영어, 호주 영어 등 여러 종류의 영어가 사용됩니다. 그러나 미국 영어는 한국 사회에서 미국 문화의 영향으로 인해 한국에서 가장 일반적으로 사용되는 영어 유형입니다. 많은 한국인이 학교와 영화 및 TV 프로그램과 같은 미디어를 통해 미국 영어를 배웁니다.

한국에서 사용되는 또 다른 유형의 영어는 한국어와 영어 단어와 문구가 혼합된 콩글리시입니다. 이는 영어가 모국어가 아닌 많은 국가에서 흔히 볼 수 있는 현상으로, 한국어의 고유한 문화적, 언어적 측면을 반영합니다. 콩글리시는 광고, 제품명, 심지어 일상 대화에서도 쉽게 찾아볼 수 있습니다.

한국인의 영어 학습 방법

한국인은 학교, 개인 과외, 독학 등 다양한 방법으로 영어를 배웁니다. 한국의 영어 교육은 엄격하고 어릴 때부터 시작되며, 많은 부모들이 자녀를 영어 학교에 등록시키거나 개인 과외를 고용합니다. 또한, 한국에는 모든 연령과 능력 수준에 맞는 영어 수업을 제공하는 사설 어학원이 많이 있습니다.

한국인들은 또한 스스로 영어를 배우기 위해 다양한 자료를 활용합니다. 여기에는 TV 프로그램이나 영화와 같은 영어 미디어뿐만 아니라 언어 학습 앱이나 웹사이트와 같은 온라인 리소스도 포함됩니다. 일부 한국인은 언어 능력을 향상하고 국제적인 경험을 쌓기 위해 영어권 국가로 유학을 떠나기도 합니다.

한국에서 성공하기 위해 필요한 영어 실력

한국에서 성공하기 위해 필요한 구체적인 영어 능력은 산업과 직책에 따라 다릅니다. 그러나 한국의 많은 산업 분야에서 중요하게 여기는 몇 가지 일반적인 영어 능력이 있습니다.

비즈니스 영어:

한국에서는 많은 기업이 외국 고객 및 파트너와의 커뮤니케이션을 위해 영어를 기본 언어로 사용합니다. 따라서 직원들은 명확하고 전문적인 이메일 작성, 컨퍼런스 콜 참여, 효과적인 프레젠테이션 능력 등 비즈니스 영어 실력을 갖추는 것이 중요합니다.

기술 영어:

기술 및 엔지니어링과 같은 산업에서 직원은 복잡한 기술 개념을 이해하고 전달하기 위해 기술 영어를 능숙하게 구사할 수 있어야 합니다. 여기에는 기술 어휘와 영어로 된 기술 문서를 읽고 작성하는 능력이 포함됩니다.

학술 영어:

영어권 대학에서 공부하거나 학계에서 경력을 쌓으려는 학생에게는 학문적 영어 실력이 매우 중요합니다. 여기에는 학술 논문을 읽고 쓰고, 학술 토론에 참여하고, 영어로 프레젠테이션을 할 수 있는 능력이 포함됩니다.

영어 회화:

이러한 특정 기술 외에도 영어 회화 능력은 한국의 많은 직업에서 중요합니다. 여기에는 영어를 사용하는 동료 또는 고객과 일상적인 대화를 나눌 수 있는 능력과 영어로 사회적 상황을 탐색할 수 있는 능력이 포함됩니다.

결론적으로 영어는 한국에서 매우 중요한 언어이며, 많은 산업과 직종에서 영어 능력을 요구하고 있습니다. 한국인들은 학교, 개인 과외, 독학 등 다양한 방법으로 영어를 배웁니다. 미국식 영어는 한국에서 가장 일반적으로 사용되는 영어 유형이며, 한국어와 영어 단어와 문구를 혼합한 콩글리쉬라는 독특한 형태의 영어도 있습니다. 한국에서 성공하기 위해 필요한 구체적인 영어 능력은 산업과 직책에 따라 다르지만 일반적으로 비즈니스, 기술, 학술 및 회화 영어 능력이 포함됩니다.

PART
2

영어 독학 시크릿
- 사전 준비편-

2-1. 영어를 시작하기 전 알아두면 좋은 것들

JC:
즈프트 씨, 우선 축하드려요.

즈프트:
왜죠?

JC:
이 책을 쓰는 과정에서 엄청나게 업그레이드 되셨다며요?

즈프트:
아, 예 ~ 맞습니다. 저도 여러분들처럼 스스로 학습을 하며 자기계발을 하고 있고, 다른 사람들의 도움으로 제가 더 성장하고 있답니다. 저희 AI 나 여러분이나 크게 다를 것이 없어요. 그러니 앞선 인터뷰 내용에서도 직접 영어를 학습하라고 말씀드린 것이고요.

JC:
다시 한번 축하드리며, 이제 본론으로 좀 들어 갈게요. 이번 인터뷰 주제는 "성인들이 영어를 시작하는 단계에서 어떤 것부터 시작을 해야 하고, 추천하는 자료나 방법들"에 대한 것이에요.

그럼,
먼저 바쁜 현대 성인들이 영어를 시작할 때, 어떤 것부터 시작을 하는 것이 좋을까요?

즈프트:
물론 바쁜 성인 초보자가 혼자서 영어를 배우기 시작하고 싶은 분들을 위한 몇 가지 아이디어가 있습니다.

1. 기본부터 시작하세요
초보자는 영어의 기초부터 시작하는 것이 중요합니다. 여기에는 알파벳, 기본 어휘, 간단한 문법 구조 학습이 포함됩니다. 교과서, 온라인 강좌 또는 모바일 앱을 사용하여 시작할 수 있습니다.

초급 수준의 영어 학습자에게 인기 있는 리소스로는 듀오링고, 로제타 스톤, 옥스퍼드 영어 문법 코스 등이 있습니다. 이러한 도구는 영어 실력의 기초를 다지는 데 도움이 되는 대화형 연습과 활동을 제공합니다.

2. 듣기와 말하기에 집중하세요.

듣기와 말하기는 영어를 배울 때 집중해야 할 가장 중요한 두 가지 기술입니다. 영어 오디오나 팟캐스트를 들으며 연습하고 가능한 한 많이 말해보세요. 이렇게 하면 영어 소리에 익숙해지고 발음을 향상하는 데 도움이 됩니다.

듣기 및 말하기 연습을 위한 인기 있는 리소스로는 BBC 영어 학습 웹사이트, TED 강연 웹사이트, FluentU app 등이 있습니다. 이러한 도구는 듣기 및 말하기 능력을 개발하는 데 도움이 될 수 있는 흥미롭고 실제적인 콘텐츠를 제공합니다.

3. 어휘력 쌓기

어휘는 새로운 언어를 배울 때 필수적이므로 정기적으로 새로운 단어와 구문을 배우기 위해 노력하는 것이 중요합니다. 플래시카드, 어휘 목록 또는 온라인 리소스를 사용하여 어휘를 확장할 수 있습니다.

어휘를 효과적으로 학습하는 한 가지 방법은 음식, 여행, 비즈니스 등 특정 주제나 테마에 집중하는 것입니다. 이렇게 하면 관심사 및 필요와 관련된 단어와 구문을 배우는 데 도움이 됩니다.

영어 학습자에게 인기 있는 어휘 학습 리소스로는 Quizlet, Anki, Memrise 등이 있습니다. 이러한 도구는 간격을 두고 반복하는 등의 기법을 사용하여 새로운 단어와 구문을 더 효과적으로 기억할 수 있도록 도와줍니다.

4. 읽기 및 쓰기 연습하기

읽기와 쓰기 또한 영어를 배울 때 개발해야 할 중요한 기술입니다. 뉴스 기사나 간단한 책과 같은 영어 텍스트를 읽는 연습을 하고 가능한 한 영어로 쓰도록 노력하세요.

읽기 및 쓰기 연습을 위한 인기 있는 리소스로는 뉴스 인 레벨스 웹사이트, 쉬운 영어 뉴스 웹사이트, 캠브리지 잉글리시 쓰기 및 향상 앱 등이 있습니다. 이러한 도구는 영어 실력을 향상시키는 데 도움이 되는 읽기 및 쓰기 연습을 제공합니다.

5. 일상 생활에서 영어 사용

일상 생활에서 가능한 한 영어를 많이 사용하세요. 여기에는 영어 영화나 TV 프로그램을 시청하거나 영어 책이나 뉴스 기사를 읽거나 휴대폰이나 컴퓨터의 언어를 영어로 변경하는 것도 포함될 수 있습니다.

일상 생활에서 영어를 사용하면 영어에 익숙해지고 유창성을 기르는 데 도움이 됩니다. 영어 교환 그룹에 가입하거나 온라인에서 대화 파트너를 찾아 말하기 실력을 연습할 수도 있습니다.

6. 언어 학습 커뮤니티에 가입하세요

언어 학습 커뮤니티에 가입하는 것은 영어를 배우면서 동기를 부여하고 도움을 받을 수 있는 좋은 방법이 될 수 있습니다. 다른 영어 학습자들과 교류하고 팁과 조언을 교환할 수 있는 온라인 커뮤니티와 포럼이 많이 있습니다.

우선은 지역별로 인기 있는 언어 학습 커뮤니티를 찾아 보세요. 이러한 커뮤니티는 다른 학습자들과 소통하고 경험을 공유할 수 있는 지원적이고 매력적인 환경을 제공합니다.

제주도에는 JC 씨가 운영하는 <피프 스페이스>에서 영어 모임들이 있으니 제주도 사람들은 그곳에 참여하면 되겠네요. 그리고 요즘 온라인으로도 영어 커뮤니티를 준비하신다고 알고있어요. 그것을 많이 홍보해서 현대인들이 참여할 수 있도록 해서 많이 도우세요.

7. 무료 리소스 활용하기

온라인 강좌, 팟캐스트, 언어 학습 앱 등 영어 학습자가 이용할 수 있는 무료 리소스가 많이 있습니다. 이러한 리소스를 활용하여 학습을 보충하고 영어 실력을 연습하세요.

영어 학습자에게 인기 있는 무료 리소스로는 영국문화원 영어 배우기 웹사이트, 오픈 잉글리쉬 월드 웹사이트, 부수적인 앱 등이 있습니다. 이러한 리소스는 영어 실력 향상에 도움이 되는 다양한 연습 문제와 활동을 제공합니다.

8. 달성 가능한 목표 설정

혼자서 영어를 배울 때는 달성 가능한 목표를 설정하는 것이 중요합니다. 일주일에 10 개의 새로운 단어 배우기, 하루에 10 분 동안 말하기 연습하기 등 작고 관리하기 쉬운 목표를 세우는 것부터 시작하세요.

2-2. 성인 영어 초보자에게 "영문법"이 중요한 이유

JC:
즈프트씨, 바쁜 직장인들이 제 2 외국어로 영어를 처음 학습할 때, 문법 구조를 배우는 것이 기본이라고 말씀해 주셨는데요. 영어를 배울 때, 문법이 얼마나 중요한가요?

즈프트:
성인 초보자가 영어를 배우기 시작할 때 문법의 중요성에 대한 포괄적인 답변을 제공하겠습니다.

문법은 모든 언어의 기본 구성 요소이며 영어도 예외는 아닙니다. 문법은 학습자가 효과적인 의사소통에 필요한 언어의 구조를 이해하는 데 중요한 역할을 합니다. 문법 규칙은 문장을 구성하고 의미를 전달하기 위한 틀을 제공하며, 문법 규칙이 없으면 학습자는 자신을 정확하게 표현하는 데 어려움을 겪을 수 있습니다.

성인 초급 학습자에게 문법은 고급 언어 학습의 기초를 제공하기 때문에 특히 중요합니다. 기본 문법 규칙을 익히면 학습자는 동사, 숙어, 고급 문장 구조와 같은 더 복잡한 개념으로 발전할 수 있습니다. 문법에 대한 탄탄한 이해가 없으면 학습자는 기본적인 언어 능력 이상으로 발전하기 어려울 수 있습니다.

또한 문법은 의사소통의 정확성과 명확성을 달성하는 데 필수적입니다. 잘못된 문법은 혼란과 오해를 불러일으켜 개인적, 직업적 관계에서 부정적인 결과를 초래할 수 있습니다. 예를 들어 쉼표가 잘못 배치되면 문장의 의미가 완전히 달라질 수 있고, 주어와 동사가 일치하지 않으면 문장을 이해하기 어려울 수 있습니다.

문법은 학술 논문, 비즈니스 서신, 법률 문서와 같은 공식적인 글쓰기에서도 중요한 역할을 합니다. 이러한 맥락에서는 정확성과 정확성이 필수적이며, 잘못된 문법은 글의 전반적인 품질을 떨어뜨릴 수 있습니다.

또한 문법을 공부하면 학습자의 비판적 사고와 문제 해결 능력을 향상시키는 데 도움이 될 수 있습니다. 문법 규칙은 종종 학습자가 복잡한 개념을 분석하고 적용하도록 요구하기 때문에 인지 능력을 향상시키고 논리적으로 추론하는 능력을 향상시킬 수 있습니다.

또한 문법 공부는 영어의 문화적 맥락을 더 잘 이해할 수 있게 해줍니다. 문법 규칙은 종종 문화적 규범과 가치를 반영하며, 학습자는 문법 규칙을 공부함으로써 영어권 커뮤니티의 신념과 태도에 대한 통찰력을 얻을 수 있습니다.

결론적으로, 문법은 제 2 외국어로서 영어를 배우는 데 있어 매우 중요한 요소이며 성인 초급 학습자는 문법 학습에 우선순위를 두어야 합니다. 문법 규칙을 익힘으로써 학습자는 의사소통의 정확성과 명확성을 향상시키고, 고급 언어 능력으로 발전하며, 비판적 사고와 문제 해결 능력을 개발할 수 있습니다. 또한 문법 학습은 언어의 문화적 맥락에 대한 통찰력을 제공하여 영어권 커뮤니티에 대한 학습자의 이해와 인식을 향상시킬 수 있습니다.

JC:
이왕 하나 더 물어 볼게요. 저는 우리나라 성인들이 영어를 자신의 비즈니스에 사용을 하길 바래요. 영어 문법이 글로벌 비즈니스에서 얼마나 중요하다고 생각하세요?

즈프트:

비즈니스 세계에서 영어 문법은 매우 중요합니다. 전문적인 맥락에서 정확성과 정확성은 효과적인 의사소통을 위해 필수적이며, 잘못된 문법은 말하는 사람과 듣는 사람 모두에게 부정적인 결과를 초래할 수 있습니다.

동료, 고객, 고객사와 소통할 때는 메시지를 명확하고 쉽게 이해할 수 있도록 적절한 문법을 사용하는 것이 중요합니다. 잘못된 문법은 혼란과 오해를 불러일으키고 경우에 따라서는 법적인 문제로까지 이어질 수 있습니다.

또한 올바른 문법은 비즈니스에서 전문적인 이미지를 구축하는 데 필수적입니다. 문법에 주의를 기울이지 않으면 부주의하거나 무능하다는 인상을 줄 수 있으며, 이는 신뢰도를 떨어뜨리고 관계를 손상시킬 수 있습니다.

이메일, 보고서, 프레젠테이션과 같은 서면 커뮤니케이션에서는 올바른 문법이 더욱 중요합니다. 이러한 문맥에서 문법 오류는 작성자에게 좋지 않은 영향을 미치고 전반적인 커뮤니케이션의 질을 떨어뜨릴 수 있습니다. 경우에 따라서는 비즈니스 기회를 잃거나 회사의 평판이 손상될 수도 있습니다.

또한, 국제 비즈니스에서는 영어가 의사소통의 언어인 경우가 많기 때문에 효과적인 의사소통을 위해서는 영어 문법에 대한 탄탄한 이해가 필수적입니다. 영어로 효과적으로 의사소통할 수 있는 비즈니스 전문가가 국제 시장에서 성공하고 글로벌 파트너와 성공적인 관계를 구축할 가능성이 높습니다.

결론적으로 영어 문법은 비즈니스에서 필수적입니다. 효과적인 의사 소통, 전문적인 이미지 구축, 국제 시장에서의 성공을 위해 필요합니다. 비즈니스 전문가는 전문적인 상황에서 명확하고 효과적으로 의사소통할 수 있도록 문법 공부에 우선순위를 두어야 합니다.

2-3. 직장인이 학습하기 좋은 영문법 책 추천

JC:
성인이 영어를 스스로 학습하는데 있어 영문법책을 추천 받고 싶은데요. 전 세계적으로 유명한 영문법 책들 좀 소개해 주세요.

즈프트:
자, 제가 10권을 소개합니다.

1. Raymond Murphy 의 "English Grammar in Use" - 이 책은 영어 문법에 대한 참고서로 널리 알려져 있으며 모든 수준의 학습자에게 적합합니다.

2. 마이클 스트럼프와 오리엘 더글라스의 " The Grammar Bible" 이 책은 모든 필수 문법 규칙을 많은 예문과 함께 명확하고 간결한 방식으로 다루고 있습니다.

3. 베티 슈람퍼 아자르의 "Understanding and Using English Grammar" - 이 책은 실용적인 사용에 중점을 둔 영어 문법에 대한 종합적인 안내서입니다.

4. "Practical English Usage"(마이클 스완 저) - 이 책은 고급 학습자와 교사를 위한 필수 참고서로, 일반적인 문법 문제와 그 해결책을 다루고 있습니다.

5. "Advanced Grammar in Use"(Martin Hewings 저) - 이 책은 이미 문법을 잘 이해하고 있으며 지식을 한 단계 더 발전시키고자 하는 학습자를 위해 고안되었습니다.

6. "The Only Grammar Book You'll Ever Need"(Susan Thurman 저) - 이 책은 모든 주요 문법 주제에 대한 철저한 개요와 함께 명확한 설명과 유용한 팁을 제공합니다.

7. "The Blue Book of Grammar and Punctuation""(Jane Straus 저) 이 책은 문법과 구두점 실력을 향상시키고자 하는 모든 분들에게 유용한 참고서입니다.

8. Raymond Murphy 의 " Essential Grammar in Use " - 이 책은 초급부터 중급 학습자를 위해 고안된 "영어 문법 사용"의 간소화된 버전입니다.

9. "A Practical English Grammar"(A.J. Thomson, A.V. Martinet 저) 이 책은 영국 영어에 중점을 둔 고전적인 문법 참고서입니다.

10. 마틴 패럿의 " Grammar for English Language Teachers " - 이 책은 영어 교사를 대상으로 하지만 문법 지식과 교수 기술을 향상시키고자 하는 고급 학습자에게도 유용합니다.

여러분의 필요에 맞는 문법 책을 찾는 데 도움이 되길 바랍니다!

JC:
위의 다양한 책들 중에 "혼자 공부하기"에 가장 추천하는 책은 어떤 책인가요?

즈프트:

성인이 되어 혼자서 영어 문법을 공부할 때 좋은 문법 책은 매우 귀중한 자료가 될 수 있습니다. 다양한 옵션이 있지만, 가장 인기 있고 독학용으로 적극 추천하는 책 중 하나는 Raymond Murphy 의 "Grammar In Use"입니다.

(출처: 그래머 인 유즈 시리즈 , 판매처)

"Grammar In Use"는 독학을 위해 특별히 고안된 영어 문법에 대한 종합적인 가이드입니다. 동사 시제, 문장 구조, 조동사, 수동태를 포함한 모든 주요 문법 주제를 다루고 있습니다. 이 책은 특정 문법 주제에 초점을 맞춘 단원으로 구성되어 있으며, 각 단원에는 문법 규칙에 대한 명확한 설명과 예문이 포함되어 있습니다.

이 책의 강점 중 하나는 실용적인 사용에 중점을 둔다는 점입니다. 이 책에는 직장이나 일상생활에서 영어를 사용해야 하는 성인 학습자에게 특히 도움이 될 수 있는 실제 문법 사용 예문이 많이 포함되어 있습니다. 또한 이 책에는 서면 연습과 양식 작성 또는 이메일 작성과 같은 실제 연습을 포함하여 학습을 강화할 수 있는 많은 연습 문제가 포함되어 있습니다.

또 다른 장점은 접근성입니다. 이 책에 사용된 언어는 명확하고 직관적이어서 초보자도 쉽게 이해할 수 있습니다. 이 책은 또한 명확한 목차와 색인으로 잘 정리되어 있어 필요한 정보를 쉽게 찾을 수 있습니다.

이 책은 초급부터 고급까지 모든 레벨의 학습자에게 적합합니다. 이 책은 이해하기 쉬운 명확한 설명과 예제를 제공하기 때문에 혼자서 공부하는 사람들에게 특히 유용합니다. 그러나 이 책은 학생들을 위한 참고 자료로 사용할 수 있는 교사에게도 유용한 자료가 될 수 있습니다.

전반적으로 혼자서 영어 문법을 배우고자 하는 모든 분들에게 훌륭한 선택입니다. 포괄적이고 이해하기 쉬우며 학습을 강화할 수 있는 많은 연습 문제가 포함되어 있습니다. 초보자이든 고급 학습자이든 "영어 문법 사용"은 영어 실력을 향상시키고 개인 생활과 직업 생활 모두에서 더 효과적으로 의사 소통하는 데 도움이 될 수 있습니다.

2-4. 영문법 책 "Grammar In Use"를 제대로 활용하는 법

JC:
"Grammar In Use"가 혼자 영어 공부를 하기 위한 책으로는 정말 좋네요. 그럼 이 책을 제대로 활용하는 법도 좀 알려 주세요.

즈프트:
Raymond Murphy 의 "Grammar In Use"을 효과적으로 사용하는 방법에 대한 자세한 가이드가 준비되어 있습니다. 제가 알기로 Jay Cee 도 이 책으로 학습하는 방법에 대해서는 본인만의 좋은 전략이 있으시잖아요? 그것과 비교해서 보시고 더하거나 빼서 더 나은 방법을 만들어 보시길 바랍니다.

소개:
"Grammar In Use"은 중급 및 고급 영어 학습자를 위해 Raymond Murphy 가 쓴 종합 문법 책입니다. 이 책은 세계에서 가장 인기 있는 문법 책 중 하나가 되었으며 교사와 학생 모두에게 널리 사용되고 있습니다. 이 책은 학습자가 영어로 효과적으로 의사소통하기 위해 알아야 할 모든 필수 문법 사항을 다룹니다.

이 가이드에서는 "Grammar In Use"을 효과적으로 사용하는 방법에 대한 단계별 접근 방식을 제공합니다. 초급 학습자든 고급 학습자든 이 가이드는 이 책을 최대한 활용하는 데 도움이 될 것입니다.

1 단계: 책의 구조 이해하기

"Grammar In Use"을 효과적으로 사용하기 위한 첫 번째 단계는 책의 구조를 이해하는 것입니다. 이 책은 여러 단원으로 나뉘어 있으며, 각 단원은 특정 문법 사항을 다룹니다. 각 단원은 다음과 같은 방식으로 구성되어 있습니다:

- 명확한 설명과 예문이 포함된 문법 요점 제시
- 문법 요점에 대한 이해를 테스트하는 일련의 연습 문제
- 추가 예문이 포함된 문법 요점 요약

이 책은 이전에 배운 문법 포인트를 바탕으로 학습하도록 구성되어 있으므로 각 단원을 순서대로 학습하는 것이 중요합니다.

2 단계: 적절한 레벨 선택

"Grammar In Use"은 초급, 중급, 고급의 세 가지 레벨로 제공됩니다. 자신의 필요에 맞는 적절한 레벨을 선택하는 것이 중요합니다. 초급 학습자라면 초급 레벨부터 시작하여 단계적으로 레벨을 올려야 합니다. 중급 학습자라면 중급 또는 고급 레벨부터 시작할 수 있습니다.

3 단계: 체계적으로 책 활용하기

"Grammar In Use"을 최대한 활용하려면 책을 체계적으로 사용하는 것이 중요합니다. 다음은 제안된 접근 방식입니다:

- 문법 요점과 예문을 주의 깊게 읽습니다.
- 해당 단원의 연습 문제를 완료합니다.
- 책에 제공된 답안지를 사용하여 답을 확인합니다.
- 어려운 부분이 있으면 복습하고 연습 문제를 다시 풀어보세요.
- 다음 단원으로 넘어갑니다.
- 각 단원은 이전에 배운 문법 사항을 바탕으로 구성되므로 단원이나 섹션을 건너뛰지 않는 것이 중요합니다.

4 단계: 책을 참고 도구로 활용하기

"Grammar In Use"을 참고 도구로도 사용할 수 있습니다. 특정 문법 포인트가 확실하지 않은 경우 색인에서 해당 문법을 찾아 해당 단원을 찾을 수 있습니다. 또한 책 뒷부분에 문법 요약이 포함되어 있어 책에서 다루는 모든 문법 사항을 간략하게 살펴볼 수 있습니다.

*이 책을 이미 가지고 있거나 알고 계신 분들 중에 위의 요약 내용을 모르시는 분들이 많습니다. 참고해 보세요.

5 단계: 학습 보충하기

"Grammar In Use"은 문법 학습을 위한 훌륭한 자료이지만, 다른 자료로 학습을 보충하는 것도 중요합니다. 여기에는 영어로 된 책과 기사를 읽고, 영어 TV 프로그램과 영화를 보고, 영어로 말하기와 쓰기 연습을 하는 것이 포함될 수 있습니다. 다양한 리소스를 활용하면 문법 능력과 전반적인 영어 실력을 향상시킬 수 있습니다.

6 단계: 필요할 때 도움 받기

혼자서 "Grammar In Use"을 사용하면서 궁금한 점이나 우려되는 점이 있다면 필요할 때 도움을 구하는 것이 중요합니다. 선생님, 튜터 또는 언어 교환 파트너에게 도움을 요청할 수 있습니다. 또한 영어 학습자를 위한 온라인 포럼과 리소스도 많이 있습니다.

결론:

Raymond Murphy의 "Grammar In Use"은 영어 학습자를 위한 훌륭한 자료입니다. 이 가이드에 설명된 단계를 따르면 이 책을 효과적으로 사용하고 문법 실력을 향상시킬 수 있습니다. 이 책을 체계적으로 사용하고, 적절한 수준을 선택하고, 학습을 보충하고, 필요할 때 도움을 구하는 것을 잊지 마세요. 헌신과 연습을 통해 자신감 있고 효과적인 영어 의사소통자가 될 수 있습니다.

2-5. 세상의 다양한 형태의 영어 커뮤니티

JC:

다양한 의견을 내 주셔서 감사합니다. 저 또한 이 책을 매우 사랑하는 사람이에요. 제 나이 24 세 쯤 영어를 시작했을 때 가장 먼저 학습한 책이기도 해요. 즈프트 씨 의견에 격하게 공감하는 내용 중 하나가 "영문법"이라는 기본 바탕이 잘 잡혀 있으면 다른 스킬(스피킹, 리스닝, 리딩, 라이팅)이 쉽게 배워진다고 생각합니다.

이번 인터뷰 시간에 "영문법" 말고, 하나만 더 질문을 드리면 "언어 학습 커뮤니티에 가입하라"에 대한 것인데요. 어떤 영어 커뮤니티를 찾아야 하고, 어떤 장점들이 있기에 추천하시나요?

즈프트:

아니, JC 씨도 "영어 커뮤니티" 몇 개 운영 중이고, 온라인도 준비 중이시라며요. 그걸 왜 저한테 물어 보시나요?

JC:

즈프트 씨의 다른 시각이나 다른 장점들을 들으면 제가 운영 중인 것을 더 업그레이드도 할 수 있고, 앞으로 만들 온라인 커뮤니티도 더 멋지게(decent)하게 만들 수 있을 것 같아서요.

알겠습니다. 제 생각을 말씀해 드리죠. 대신 간결하고 유익한 답변을 제공하겠습니다.

영어가 모국어가 아닌 국가에 거주하는 ESL 성인에게는 영어 클럽이나 커뮤니티에 가입하는 것이 언어 실력을 향상하고 새로운 사람들을 만나며 다양한 문화를 경험할 수 있는 좋은 방법이 될 수 있습니다. ESL 성인이 가입을 고려할 수 있는 몇 가지 유형의 영어 클럽과 커뮤니티를 소개합니다.

일상 회화 클럽: 회화 클럽은 회원들이 편안하고 친근한 분위기에서 영어 말하기를 연습할 수 있는 비공식 그룹입니다. 이러한 클럽은 종종 각 모임마다 특정 주제나 주제를 가지고 있어 회원들이 어휘를 확장하고 말하기 실력을 향상하는 데 도움이 될 수 있습니다.

(출처: <피프 스페이스> 영어 스터디)

국제 클럽: 이러한 클럽에는 여러 나라에서 온 다양한 회원들이 모이는 경우가 많으며, 일반적으로 문화 교류에 중점을 둡니다. 회원들은 다른 문화에 대해 배우면서 영어 실력을 연습할 수 있는 기회를 제공하는 이벤트, 워크샵, 활동에 참여할 수 있습니다.

토스트마스터즈 클럽: 토스트마스터즈는 사람들의 대중 연설 및 리더십 기술 향상을 돕는 데 중점을 둔 국제 단체입니다. 회원들은 연설을 하고 그룹 토론에 참여하여 영어 말하기 실력을 연습할 수 있습니다.

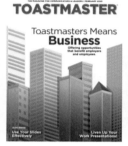

(출처: Toastmasters.org)

원서 북클럽: 영어 북클럽에 가입하면 독해력을 향상하고 어휘력을 넓힐 수 있는 좋은 방법이 될 수 있습니다. 회원들은 영어로 책에 대해 토론하고 해석과 의견을 공유할 수 있습니다.

출처: (Envato elements)

스포츠 클럽: 영어로 의사소통하는 스포츠 팀이나 클럽에 가입하는 것은 활동적인 생활을 유지하면서 영어를 연습할 수 있는 재미있는 방법이 될 수 있습니다. 회원들은 연습과 경기 중에 팀원들과 영어로 의사소통할 수 있습니다.

밋업 그룹: 밋업은 비슷한 관심사를 가진 사람들을 연결해주는 소셜 네트워킹 플랫폼입니다. ESL 성인들이 언어 실력을 연습하고 새로운 사람들을 만날 수 있는 이벤트와 활동을 조직하는 많은 영어 밋업 그룹이 있습니다.

자원봉사 단체: 영어로 의사소통하는 자원봉사 단체에 가입하는 것은 언어 능력을 향상시키면서 지역사회에 환원할 수 있는 좋은 방법이 될 수 있습니다. 자원봉사자는 다른 사람을 도우면서 말하기와 듣기 능력을 연습할 수 있습니다.

전반적으로 ESL 성인이 언어 능력을 향상하고 새로운 사람들을 만나기 위해 가입할 수 있는 영어 클럽과 커뮤니티가 많이 있습니다. 이러한 그룹에 참여함으로써 ESL 성인은 언어 능력에 대한 자신감을 얻고 즐겁게 활동할 수 있습니다.

비즈니스 그룹: 전문적인 목적으로 영어 실력을

향상시키고자 하는 ESL 성인에게는 비즈니스 그룹에 가입하는 것이 좋은 선택이 될 수 있습니다. 이러한 그룹은 종종 비즈니스 커뮤니케이션에 중점을 두며 다른 전문가들과 네트워크를 형성할 수 있는 기회를 제공할 수 있습니다.

언어 교환 앱: 대면 영어 클럽과 커뮤니티 외에도 ESL 성인이 언어 능력을 연습하는 데 도움이 되는 언어 교환 앱도 많이 있습니다. 인기 있는 언어 교환 앱으로는 HelloTalk, Tandem, Speaky 등이 있습니다.

온라인 포럼: ESL 성인이 다른 학습자 및 영어 원어민과 교류할 수 있는 온라인 포럼과 커뮤니티가 많이 있습니다. 이러한 포럼에는 언어 연습 및 토론 전용 섹션이 있는 경우가 많으며, 회원은 질문을 게시하고 자신의 언어 능력에 대한 피드백을 받을 수 있습니다.

JC:
다양한 형태의 영어 커뮤니티를 알려 주셔서 감사합니다. 제가 운영하는 형태의 커뮤니티들도 있었지만 몰랐던 형태의 커뮤니티들도 있네요. 강조 표시를 해둔 몇 가지는 한국에서 제가 만들어 봐야 겠어요.

그럼 즈프트 씨, 다음 인터뷰에서는 이번 인터뷰 앞 부분에서 말씀해 주신 내용들인 <효과적으로 어휘력 쌓는 법>, <영어 듣기와 말하기 실력 늘리기>, <영어 읽기와 쓰기 실력 늘리기> 등에 대한 팁들에 대해 여쭤 볼게요.

오늘도 감사드립니다.

즈프트:
JC 씨도 수고하셨습니다. 다음 인터뷰 때 뵙죠.

PART

3

영어 독학 시크릿

-영어 학습 방법편-

3-1. 영어 단어를 잘 외우기 위한 방법들

JC:
한 주 잘 보내셨나요? 오늘은 지난 번 말씀드렸던 것처럼 영어를 습득하는데 있어 다양한 방법들을 추천 받고 싶습니다.

세상에는 다양한 사람들이 살기에 다양한 방법들을 알려 주시면, 추후에 저희 인터뷰 내용을 보는 분들이 자신들에게 맞는 방법을 선택하실 수 있을 것 같네요.

그럼 <효과적으로 어휘력 쌓는 법>부터 시작할까요?

즈프트:
네, 잘 지냈습니다. JC 씨도 잘 지내셨죠?

그럼 바로 본론으로 들어가 보겠습니다. 다음 방법들을 읽어 보시고 자신이 흥미롭다고 생각하는 것을 먼저 시도해 보세요. 여러가지를 다 시도해 보시고 가장 오래하게 되는 것을 주로 많이 활용하세요.

- *플래시카드*

플래시카드는 새로운 영어 단어를 암기하는 데 인기 있고 효과적인 도구입니다. 플래시카드는 기본적으로 한 면에는 단어가 적혀 있고 다른 면에는 그 단어의 정의가 적혀 있는 작은 종이 또는 카드입니다. 플래시카드는 새로운 단어의 의미, 발음, 철자, 문맥을 기억하는 데 도움이 될 수 있습니다. 다음은 플래시카드를 효과적으로 사용하기 위한 몇 가지 팁입니다:

JC:
제가 가장 고민하고 있는 아이템이에요. 고민한다는 것은 바쁜 성인들을 위한 영어 플래시카드를 만들고자 하거든요. 제가 영어 플래시카드 콘텐츠 제작에 들어가기 전에 활용 방법에 대해 좀 더 자세히 알려 주실 수 있을까요?

- **나만의 플래시카드를 만드세요:**
  나만의 플래시카드를 만들면 필요에 따라 맞춤 설정할 수 있습니다. 카드의 한 면에는 영어 단어를 적고 다른 면에는 그 단어의 의미, 발음, 용법을 적으세요. 플래시카드에 그림, 예문 또는 관련 단어를 추가하여 단어를 더 잘 기억할 수 있도록 도와줄 수도 있습니다.

- **정기적으로 복습하세요:**
  플래시카드를 정기적으로 복습하는 것은 단어를

기억하는 데 중요합니다. 일정과 암기하려는 단어 수에 따라 매일, 매주 또는 매월 복습할 수 있습니다.

- **테마나 주제별로 단어를 그룹화하세요:**
  단어를 테마나 주제별로 그룹화하면 단어를 더 잘 기억하는 데 도움이 될 수 있습니다. 예를 들어 음식, 여행 또는 일과 관련된 단어를 그룹화할 수 있습니다. 이렇게 하면 문맥에서 단어를 기억하고 단어가 어떻게 사용되는지 이해하는 데 도움이 됩니다.

- **플래시카드의 양면을 모두 사용하세요:**
  플래시카드를 복습할 때는 양면을 모두 사용하세요. 영어 단어와 그 의미, 용법을 스스로 테스트해 보세요. 이렇게 하면 여러 가지 방법으로 단어를 기억하는 데 도움이 됩니다.

- 니모닉(mnemonics) 기법
니모닉은 정보를 기억하는 데 도움이 되는 기억 장치 또는 기법입니다. 니모닉은 영어 단어와 그 의미를 기억하는 데 도움이 될 수 있습니다. 다음은 사용할 수 있는 몇 가지 유형의 니모닉입니다:

- **약어:** 두문자어는 구문에서 각 단어의 첫 글자로 구성된 단어입니다. 예를 들어, "케이크를 먹지 말고 연어 샌드위치를 먹고 젊음을 유지하세요"라는 약어를 사용하여 "필요한"의 철자를 기억할 수 있습니다.

- **연관:** 새로운 영어 단어를 이미 알고 있는 단어와 연관시킬 수 있습니다. 예를 들어, 거대한 코끼리를 생각하면 "enormous"라는 단어를 기억할 수 있습니다.

(출처 : Envato Elements + Jay Cee)

- 시각화(상황 상상하기):
단어를 기억하는 데 도움이 되도록 단어의 정신적 이미지를 만들 수 있습니다. 예를 들어, 누군가가 활짝 웃으며

"감사합니다"라고 말하는 모습을 시각화하여 "감사"라는 단어를 기억할 수 있습니다.

JC:
저 이 방법을 정말 선호합니다. 단어뿐만 아니라 영어 문장이나 영어 대화(dialogue) 문장들을 학습할 때, 제 자신을 그 상황으로 넣는 방법으로 하거든요. 이 방법에 대해서도 좀 더 자세히 알려 주세요.

시각화는 영어 단어 및 문장을 암기하는 강력한 기법입니다. 다음은 시각화를 최대한 활용하는 방법에 대한 몇 가지 팁입니다:

- **정신적 이미지를 만드세요:**
  새로운 단어를 접하면 그 단어를 나타내는 정신적 이미지나 그림을 머릿속에 그려보세요. 예를 들어, '사과'라는 단어를 배우는 경우 줄기와 잎이 있는 새빨간 사과를 시각화하세요.

- **생생한 이미지를 사용하세요:**
  머릿속 이미지가 선명하고 자세할수록 암기에 더 효과적입니다. 색상, 질감, 냄새, 소리 등 가능한 한 많은 감각적 디테일을 포함하도록 하세요.

- **이미지를 단어와 연관시키세요:**
  만든 심상이 암기하려는 단어와 밀접하게 연관되어 있는지 확인하세요. 예를 들어, '햄버거'라는 단어를 배우는 경우 양상추, 토마토, 치즈가 들어간 육즙이 가득한 햄버거를 시각화합니다.

- **문맥에 맞게 이미지를 활용하세요:**
  새 단어에 대한 기억력을 강화하려면 문맥을 제공하는 문장이나 구문에서 심상 이미지를 사용하세요. 예를 들어, "저는 오늘 점심으로 맛있는 햄버거를 주문했어요."

  새로운 영어 단어를 문맥에 맞게 사용하면 그 단어의 의미와 올바른 사용법을 기억하는 데 도움이 될 수 있습니다. 다음은 문맥에 맞게 단어를 사용하기 위한 몇 가지 팁입니다:

I ordered
a Hamburger combo
for lunch today.

나는 오늘 점심으로
햄버거 셋트 주문했어!

(출처 : Envato + Jay Cee)

- **이미지를 정기적으로 검토하세요:**
  새 단어와 그와 관련된 심상 이미지를 기억하려면 정기적으로 복습하세요. 눈을 감고 이미지를 다시 시각화하거나 시각적 이미지가 포함된 플래시카드나 기타 기억 보조 도구를 사용하여 이 작업을 수행할 수 있습니다.

전반적으로 시각화는 영어 단어를 암기하는 데 강력한 기법입니다. 배우려는 단어와 밀접하게 연관된 생생한 심상 이미지를 만들면 새로운 어휘에 대한 기억력과 회상력을 향상시킬 수 있습니다.

- 관심 있는 자료를 선택하고, 읽고 들으세요:
좋아하는 자료를 읽고 들으면 학습에 대한 몰입도와 동기를 유지하는 데 도움이 됩니다. 이렇게 하면 새로운 단어를 더 쉽게 배우고 기억에 남길 수 있습니다.

정기적으로 영어를 읽고 들으면 새로운 단어와 그 의미에 익숙해지는 데 도움이 될 수 있습니다. 영어로 된 책, 기사를 읽거나 팟캐스트, 노래 또는 비디오를 들을 수 있습니다. 정기적으로 영어를 읽고 들으면 새로운 단어와 그 의미에 익숙해지는 데 도움이 될 수 있습니다. 다음은 영어를 읽고 듣기 위한 몇 가지 팁입니다.

- 낯선 단어와 어려운 단어에 집중해 보세요:

모르는 단어가 나오면 사전이나 Google 번역과 같은 온라인 리소스에서 찾아보세요. 이렇게 하면 단어의 문맥을 이해하고 나중에 사용할 수 있도록 기억하는 데 도움이 됩니다. 그리고 가장 기억하기 어려운 단어를 파악하여 그 단어를 더 자주 복습하는 데 집중하세요.

- 메모하기:

위의 내용들과 연결하시면 좋습니다. 메모를 하면 새로운 단어와 그 의미를 기억하는 데 도움이 됩니다. 새 단어와 그 정의, 예문 한두 개를 적어 보세요. 플래시카드를 만들거나 니모닉 기법을 사용하여 단어를 기억하는 데 도움을 받을 수도 있습니다.

- 말하기와 쓰기 연습하기:

영어로 말하기와 쓰기 연습을 하면 새로운 단어와 그 의미를 내면화하는 데 도움이 됩니다. 다른 사람들과 대화할 때 새 단어를 사용하거나 새 단어를 사용하여 짧은 단락이나 에세이를 써보세요. 그리고 이것들을 다른 사람들과 함께 연습해 보세요. 영어 단어를 암기하는 재미있고 효과적인 방법이 될 수 있습니다. 다음은 다른 사람들과 함께 연습하는 몇 가지 방법입니다:

- 일정을 정하고, 간격 반복 시스템을 사용하세요:

새로운 단어를 얼마나 자주 복습할지 결정하고 언제 복습할지 일정을 정하세요. 매일 복습하는 것으로 시작한 다음 점차 복습 간격을 늘릴 수 있습니다.

간격 반복 시스템은 시간 간격을 두고 자료를 복습하는 학습 기법입니다. 이는 새로운 영어 단어를 보다 효과적이고 효율적으로 암기하는 데 도움이 될 수 있습니다. 다음은 간격 반복 시스템을 사용하기 위한 몇 가지 팁입니다.

다른 사람과 연습을 할 때도 일정을 정하고, 간격 반복 시스템 방법을 사용하면 엄청난 성과를 얻을 수 있습니다.

- 스스로 테스트하기:

퀴즈나 시험을 통해 단어를 복습하고 진행 상황을 추적하세요. 플래시카드나 기타 기억 보조 도구를 사용하여 단어를 기억하는 데 도움을 받을 수도 있습니다.

이 방법은 혼자 있을 때, 주기적으로 해서 뇌를 자극할 수 있습니다. 뇌는 많이 자극할 수록 더 좋아하고, 더 성장한답니다.

JC:
스스로 테스트하기 또한 정말 좋은 방법이라고 생각해요. 혼자 멍 때리는 시간에 혼자 단어나 문장을 만들어 보는 것들을 하기도 해요.

특히... 제가 하면서 가장 좋은 "스스로 테스트하기" 방법은 "찬물 샤워"를 하면서 소리내서 단어를 떠 올리고 말해 보는 방법이랍니다.... (하하하)

- 튜터를 고용하세요:
튜터를 고용하면 언어 능력에 대한 개인 맞춤형 관심과 피드백을 받을 수 있습니다. 영어 말하기, 쓰기, 듣기 연습을 도와주고 새로운 단어를 암기하는 방법에 대한 팁을 알려줄 수 있습니다.

전반적으로 영어 단어를 효과적이고 효율적으로 암기하는 데 사용할 수 있는 방법은 여러 가지가 있습니다. 핵심은 자신에게 가장 적합한 방법을 찾아서 일상에 통합하는 것입니다. 정기적으로 연습하고 다양한 기법을 사용하면 어휘력을 향상시키고 영어 실력에 자신감을 가질 수 있습니다.

3-2. 영어 회화를 하기 위한 방법들

JC:
언어 학습을 할 때, 가장 많은 시간과 에너지가 들고 끊임없이 해야 하는 것이 단어를 습득하는 것 같아요. 단어 학습에 대한 다양한 방법들을 알려 주셔서 감사합니다.

즈프트 씨, 이제 영어 스피킹과 리스닝에 대한 질문을 좀 드릴게요. 비영어 국가에서 성인들이 혼자서 스피킹과 리스닝을 훈련하기 위해 어떤 방법들이 있을까요?

즈프트:
자, 아닌 나라에 거주하는 성인 영어 초보자가 혼자서 영어 말하기 실력을 쌓을 수 있는 몇 가지 방법을 소개합니다:

- *언어 학습 또는 언어 교환 앱:*
링글, 듀오링고, 바벨, 로제타 스톤과 같은 언어 학습 앱은 영어 말하기 실력을 연습할 수 있는 다양한 연습 문제와 레슨을 제공합니다. 이러한 앱은 종종 음성 인식 기술을 사용하여 발음을 평가하고 개선해야 할 부분에 대한 피드백을 제공합니다. 또한 다른 학습자들과 함께 말하기 연습을 할 수 있는 커뮤니티 기능이 있을 수도 있습니다.

탄뎀이나 헬로톡과 같은 언어 교환 앱은 여러분의 모국어를 배우고 있는 영어 원어민과 연결해 줄 수 있습니다. 이러한 앱에는 보통 언어 교환 파트너와 말하기 연습을 할 수 있는 채팅 또는 음성 기능이 있습니다. 또한 서면 메시지와 오디오 녹음을 공유하여 발음과 문법에 대한 피드백을 받을 수도 있습니다.

- 영어 미디어 시청하기:

영어로 된 TV 프로그램, 영화, YouTube 동영상을 시청하는 것은 말하기 실력을 향상시키는 좋은 방법이 될 수 있습니다. 시청할 때는 대화에 주의를 기울이고 화자가 말하는 내용을 이해하려고 노력하세요. 구절이나 문장을 큰 소리로 반복하여 발음 연습을 할 수도 있습니다. 익숙해지면 질문에 답하거나 시청 중인 내용에 대해 이야기하면서 미디어와 소통해 보세요.

- 셀프 녹음:

영어 말하기를 직접 녹음하고 재생을 들어보면 발음, 억양, 말하기 속도 중 개선이 필요한 부분을 파악하는 데 도움이 될 수 있습니다. 휴대폰이나 컴퓨터의 음성 녹음 앱을 사용하여 영어를 말하는 자신의 모습을 녹음한 다음

재생을 들으며 개선이 필요한 부분을 파악할 수 있습니다. 음성 인식 기술을 제공하는 언어 학습 앱으로 말하기를 연습하여 발음에 대한 피드백을 받을 수도 있습니다.

- 온라인 어학 코스:

많은 대학과 어학원에서 전 세계 어디에서나 수강할 수 있는 영어 온라인 강좌를 제공합니다. 이러한 과정에는 말하기 실력을 연습하는 데 도움이 되는 온라인 토론 및 그룹 프로젝트와 같은 대화형 요소가 포함되어 있는 경우가 많습니다. 또한 강사와 같은 반 친구들로부터 자신의 말하기 능력에 대한 피드백을 받을 수도 있습니다.

JC:
저는 위의 방법들 중. <영어 미디어 시청하기>에 많은 관심이 있어요. 우리가 "쉐도잉(shadowing)"이라는 방법으로 영어 스피킹이나 리스닝을 많이 연습하는데요. "쉐도잉"을 효과적으로 하는 방법이 있을까요? 최대한 자세히 좀 부탁드립니다.

영어를 공부할 때 효과적이고 효율적으로 "쉐도잉"을 하는 방법에 대한 몇 가지 구체적인 아이디어와 팁을 소개합니다.

우선, 쉐도잉(Shadowing)이란?

쉐도잉은 학습자가 목표 언어로 말하는 원어민의 오디오 녹음을 들은 다음, 그 내용을 즉시 반복하여 화자의 억양, 리듬, 발음을 최대한 비슷하게 따라하는 언어 학습 기법입니다.

이의 목표는 말하기와 듣기 능력을 향상시키고 대상 언어에서 보다 자연스러운 억양을 개발하는 것입니다. 이는 대화, 연설, 기타 오디오 녹음 등 다양한 자료로 할 수 있으며, 혼자서 또는 언어 파트너나 선생님과 함께 연습할 수 있습니다.

- 적절한 콘텐츠를 선택하세요:

성공적인 쉐도잉을 위한 첫 번째 단계는 자신의 영어 수준에 맞는 교재를 선택하는 것입니다. 약간 어렵지만 너무 어렵지 않은 자료를 선택해야 합니다. TV 프로그램이나 영화의 대화나 YouTube 또는 TED 강연의 연설 및 프레젠테이션을 쉐도잉할 수 있습니다.

- 짧은 세션으로 연습하세요:

강도가 높을 수 있으므로 짧은 세션으로 연습하는 것이 중요합니다. 한 세션당 5~10 분으로 시작하여 익숙해지면 점차 시간을 늘려가세요. 하루에 여러 세션 또는 하루 종일 쉐도잉을 연습할 수 있습니다.

- 소리에 집중하세요:

쉐도잉을 할 때는 단어의 의미보다는 영어 소리에 집중하는 것이 중요합니다. 강세, 억양, 리듬에 주의를 기울이면서 최대한 소리를 비슷하게 따라 하세요.

- 헤드폰을 사용하세요:

소리에 집중할 수 있도록 헤드폰을 사용하세요. 이렇게 하면 외부 소음을 차단하고 영어 소리에 집중하는 데 도움이 됩니다.

- 자신의 목소리를 녹음하고 들어보세요:

쉐도잉을 하는 동안 자신의 목소리를 녹음하고 재생을 들어보세요. 이렇게 하면 발음이나 억양을 개선해야 할 부분을 파악하는 데 도움이 됩니다. 또한 녹음한 내용을 원본 오디오와 비교하여 얼마나 가깝게 소리를 흉내 내고 있는지 확인할 수도 있습니다.

- 오디오를 세분화하세요:

쉐도잉을 할 때는 오디오를 더 작은 세그먼트로 나누는 것이 도움이 될 수 있습니다. 한 구절이나 문장을 듣고 오디오를 일시 정지한 다음 들은 내용을 섀도잉해 볼 수 있습니다. 해당 세그먼트에 익숙해지면 다음 세그먼트로 넘어갈 수 있습니다.

- *다양한 억양으로 연습하세요:*
영어는 전 세계적으로 다양한 억양으로 사용되므로 다양한 억양으로 쉐도잉을 연습하는 것이 중요합니다. 이렇게 하면 다양한 소리와 억양을 이해하고 표현하는 데 더 익숙해질 수 있습니다.

- *인내심을 갖고 끈기 있게 연습하세요:*
쉐도잉은 어려울 수 있으므로 인내심을 갖고 끈기 있게 연습하는 것이 중요합니다. 처음에 소리를 완벽하게 흉내 낼 수 없다고 해서 낙심하지 마세요. 연습과 끈기를 가지고 꾸준히 노력하면 점차 발음과 말하기 실력이 향상될 것입니다.

- *즐기세요:*
마지막으로, 쉐도잉을 하는 동안 재미있게 즐기는 것이 중요합니다. 완벽해야 한다는 압박감을 너무 많이 갖지 마세요. 그 과정을 즐기고 그 과정에서 자신의 발전을 축하하세요.

JC:
와... 즐기라는 마지막 조언이 가장 인상적이네요. 여기서 쉐도잉에 대해 두 가지 질문을 더 드리고 싶습니다. 쉐도잉하기 좋은 콘텐츠를 추천와 각각의 콘텐츠에 따른 제목을 5 개씩만 알려 주세요.

즈프트:
자, 이번에는 내용 다양합니다. 잘 읽어 보시고, 본인에게 맞는 것을 선택하시길 바랍니다.

- 뉴스 방송:
뉴스 방송은 선명하고 자연스러운 말투와 다양한 주제를 다루기 때문에 쉐도잉 연습에 좋은 옵션입니다. 이를 통해 어휘력을 쌓고 듣기 이해력을 향상시킬 수 있습니다.

- BBC 뉴스: BBC 뉴스는 세계에서 가장 신뢰받고 존경받는 뉴스 채널 중 하나입니다. 정치, 경제, 문화 등 전 세계의 다양한 뉴스를 제공합니다. BBC 뉴스의 기자들은 명확하게 말하고 적절한 문법을 사용하기 때문에 영어 학습자에게 탁월한 선택입니다.

- **CNN 뉴스:** CNN 은 24 시간 뉴스 채널로 뉴스 속보, 정치, 비즈니스, 스포츠 등을 보도합니다. CNN 의 기자와 앵커는 명확하고 간결한 방식으로 말하기 때문에 영어 학습자가 쉽게 이해하고 따라갈 수 있습니다.

- **알 자지라 뉴스(Al Jazeera News):** 알 자지라는 카타르에 본사를 둔 국제 뉴스 채널로 전 세계의 뉴스와 이벤트를 보도합니다. 정치, 인권 및 사회 문제에 대한 심층적인 보도를 제공합니다. 알 자지라의 기자들은 명확하고 명료한 방식으로 말하기 때문에 영어 섀도잉에 이상적입니다.

- **스카이 뉴스(Sky News):** 스카이 뉴스는 영국에 본사를 둔 뉴스 채널로 뉴스 속보, 정치, 엔터테인먼트 등을 보도합니다. 기자들이 명확하고 이해하기 쉬운 방식으로 말하기 때문에 영어 학습자에게 탁월한 선택입니다.

- **ABC 뉴스:** ABC 뉴스는 미국의 대표적인 뉴스 채널로 뉴스 속보, 정치, 문화에 대한 보도를 제공합니다. 기자와 앵커가 명확하고 간결한 방식으로 말하기 때문에 듣기 및 말하기 능력을 향상시키고자 하는 영어 학습자에게 이상적인 선택입니다.

이 모든 뉴스 채널은 전 세계의 뉴스와 이벤트를 명확하고 간결하게 다루기 때문에 영어 초보자가 쉐도잉 영어를 하기에 훌륭한 선택입니다.

- *TV 프로그램과 영화:*
특히 대사가 많은 TV 프로그램은 다양한 억양과 말투를 접할 수 있기 때문에 쉐도잉 연습에 좋습니다. 또한 좋아하는 프로그램을 선택하면 규칙적으로 연습하는 데 더 큰 동기부여가 될 수 있습니다.

- 프렌즈(Friends): 이 인기 시트콤은 친구들 간의 자연스러운 대화를 다루고 있어 쉐도잉을 위한 좋은 선택이 될 수 있습니다. 또한 일상적인 어휘와 표현이 많이 포함되어 있습니다.

- 더 오피스(The office, 미국): 프렌즈와 비슷한 이 모큐멘터리 스타일의 쇼는 자연스러운 대화, 일상 언어, 유머로 가득합니다.

- 내가 엄마를 만났을 때: 자연스러운 대화, 일상적인 어휘, 공감할 수 있는 상황으로 구성된 또 다른 인기 시트콤으로 쉐도잉 연습에 좋습니다.

- 기묘한 이야기: 이 공상 과학 시리즈에는 일상적인 대화와 극적인 순간을 포함하여 등장인물 간의 대화가 많이 등장합니다.

- 모던 패밀리: 이 모큐멘터리 스타일의 시트콤은 다양한 캐릭터와 일상적인 어휘와 표현이 많이 등장합니다.

모큐멘터리(영어: mockumentary) 또는 페이크 다큐멘터리(영어: fake documentary) 혹은 다큐-코미디(영어: docu-comedy)는 영화와 TV 프로그램 장르의 하나로, 소설 속의 인물이나 단체, 소설적인 사건이나 상황을 기반으로 만들어진 허구의 상황이 마치 실제처럼 보이게 하는 다큐멘터리 형식의 장르이다.

영화는 다양한 억양과 말하기 스타일에 노출되기 때문에 쉐도잉 연습에 좋은 옵션이 될 수 있습니다. 또한, 좋아하는 영화를 선택하면 규칙적으로 연습하는 데 더 큰 동기 부여가 될 수 있습니다. 하지만 영화에는 모든 상황에 적합하지 않을 수 있는 속어와 비공식적인 언어가 포함될 수 있다는 점에 유의하세요.

- 소셜 네트워크(The Social Network): 이 영화는 페이스북의 창설을 소재로 한 영화로, 기술과 기업가 정신에 대한 토론을 비롯해 등장인물 간의 대화가 많이 등장합니다.

- 킹스 스피치(The King's Speech): 이 영화는 조지 6 세 국왕과 언어 장애를 가진 그의 투쟁에 대한 이야기를 다루고 있어 발음과 전달 연습을 하기에 좋은 영화입니다.

- 악마는 프라다를 입는다(The Devil wears Prada): 이 영화는 패션 산업을 배경으로 등장인물들이 자신의 일과 관계에 대해 이야기하는 대사가 많이 등장합니다.

- 인턴(The Intern): 이 영화는 은퇴한 임원이 패션 웹사이트의 인턴이 되어 비즈니스 및 기술과 관련된 많은 대화와 어휘를 제공합니다.

- 포레스트 검프(Forrest Gump): 이 고전 영화는 일상적인 대화와 일상적인 어휘 및 표현이 많이 등장하여 쉐도잉 연습에 좋습니다.

- TED 강연:
TED 강연은 명확하고 명료한 연설이 특징이며 다양한 주제를 다루기 때문에 섀도잉 연습을 위한 훌륭한 옵션입니다. 또한, 많은 TED 강연은 온라인에 대본이 제공되므로 자료의 이해도를 확인하는 데 도움이 될 수 있습니다.

- **"줄리안 트레저(Julian Treasure)의 '사람들이 듣고 싶어하도록 말하는 방법'("How to speak so that people want to listen")**: 이 강연에서 줄리안 트레저는 말하기 기술을 향상시키고 메시지를 더욱 매력적이고 기억에 남도록 만드는 실용적인 팁을 공유합니다.

- **브레네 브라운(Brené Brown)의 "취약성의 힘(The power of vulnerability)"**: 취약성의 힘에 대한 브레네 브라운의 강연은 듣기 실력을 향상시키고자 하는 영어 초보자에게 훌륭한 선택입니다. 그녀의 스토리텔링은 매력적이고 메시지는 영감을 줍니다.

- **에이미 커디(Amy Cuddy)의 "당신의 몸짓 언어는 당신이 누구인지 결정할 수 있습니다(Your body language may shape who you are)"**: 에이미 커디의 보디랭귀지에 관한 TED 강연은 비언어적 의사소통 능력을 향상시키고자 하는 사람이라면 반드시 시청해야 합니다. 그녀의 프레젠테이션 스타일은 명확하고 간결하여 쉽게 따라할 수 있습니다.

- **다니엘 레비틴(Daniel Levitin)의 "스트레스를 받을 때 침착함을 유지하는 방법(How to stay calm when you know you'll be stressed)"**: 이 강연에서 다니엘 레비틴은 스트레스를 관리하고 압박이 심한 상황에서 집중력을 유지하는 방법에 대한 팁을 공유합니다. 그의

설명은 이해하기 쉬워 영어 초보자에게 좋은 선택이 될 것입니다.

- **숀 아코르(Shawn Achor)의 "더 나은 업무 수행을 위한 행복한 비결(The happy secret to better work)"**: 숀 아쇼르의 이 TED 강연은 영어 듣기 및 말하기 실력을 향상시키고자 하는 영어 초보자에게 재미있고 고무적인 선택입니다. 숀 아쇼의 열정은 전염성이 강하며, 그의 메시지는 영감과 유익한 정보를 모두 담고 있습니다.

- 팟캐스트 또는 라디오 방송:
팟캐스트는 대화하듯 자연스러운 말투를 구사하는 경우가 많기 때문에 섀도잉 연습을 위한 훌륭한 옵션입니다. 또한 특정 주제에 초점을 맞춘 팟캐스트가 많으므로 특정 주제 영역에 대한 어휘와 지식을 쌓는 데 도움이 될 수 있습니다.

- **"All Ears English"** - 영어 원어민이 진행하는 팟캐스트로 문법부터 어휘, 문화적 뉘앙스까지 다양한 주제를 다루고 있어 초보자에게 훌륭한 리소스입니다.
- **"The English We Speak"** - 이 BBC 팟캐스트는 영어 학습자를 위해 특별히 고안된 팟캐스트로, 일상 대화에서 자주 사용되는 관용구와 구문에 중점을 두고 있습니다.

- **"6 Minute English"** - 또 다른 BBC 팟캐스트로, 다양한 주제를 다루는 짧고 따라 하기 쉬운 언어 레슨으로 구성되어 있습니다.

- **"English as a Second Language Podcast"** - 이 팟캐스트는 경험이 풍부한 ESL 교사가 진행하며 실용적인 회화 기술에 중점을 둔 다양한 주제를 다룹니다.

- **"Luke's English Podcast"** - 영국인 영어 교사 루크 톰슨이 진행하는 이 팟캐스트는 다양한 언어 주제를 다루며 원어민과의 인터뷰가 특징입니다.

라디오 방송은 대화하듯 자연스러운 음성을 들려주기 때문에 섀도잉 연습을 위한 훌륭한 옵션이 될 수 있습니다. 또한 많은 라디오 방송국에서 팟캐스트 또는 방송 녹음을 제공하므로 정규 방송 시간 외에 연습하는 데 도움이 될 수 있습니다.

- **"BBC World Service"** - 다양한 진행자와 관점을 가진 글로벌 뉴스 프로그램으로, 듣기 및 이해력 연습에 좋은 자료입니다.

- **"NPR News"** - 또 다른 뉴스 프로그램으로, 심층적인 보도와 다양한 주제를 다루는 것으로 유명합니다.

- **"This American Life"** - 이 라디오 프로그램은 일상적인 사람들이 들려주는 실제 이야기를 다루고 있어 영어 회화를 배우고 듣기 실력을 연습할 수 있는 훌륭한 리소스입니다.

- **"Radiolab"** - 이 과학 및 철학 프로그램은 흥미로운 스토리텔링과 다양한 주제를 다루고 있어 이해력을 연습하기에 좋은 리소스입니다.

- **"Serial"** - 팟캐스트 스타일의 라디오 프로그램으로 한 시즌에 걸쳐 하나의 실화를 들려주므로 듣기 능력을 연습하고 긴 이야기를 따라가는 데 좋은 자료입니다.

- 오디오북:

오디오북은 발음이 좋고 다양한 어휘와 말하기 스타일을 접할 수 있는 경우가 많기 때문에 쉐도잉 연습에 좋은 옵션이 될 수 있습니다. 또한 관심 있는 책을 선택하면 규칙적으로 연습하는 데 더 큰 동기 부여가 될 수 있습니다.

● F. 스콧 피츠제럴드(F. Scott Fitzgerald)의 "위대한 개츠비(The Great Gatsby)" - 이 고전적인 미국 소설은 어휘력과 영문학에 대한 이해력을 향상시키려는 영어 학습자에게 훌륭한 선택입니다.

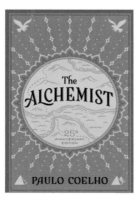

● 파울로 코엘료(Paulo Coelho)의 "연금술사(The Alchemist")" - 이 영감을 주는 책은 듣기 능력을 향상시키고 관용적 표현을 배우려는 영어 학습자에게 훌륭한 선택입니다.

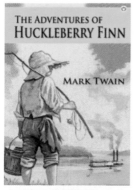

• 하퍼 리(Harper Lee)의 "앵무새 죽이기(To Kill a Mockingbird)" - 퓰리처상을 수상한 이 소설은 미국 남부의 인종과 정의에 대한 주제를 탐구하며 복잡한 주제에 대한 이해력을 높이고자 하는 영어 학습자에게 훌륭한 선택입니다.

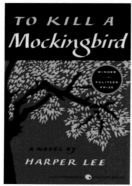

• 마크 트웨인(Mark Twain)의 "허클베리 핀의 모험(The Adventures of Huckleberry Finn)" - 이 고전적인 미국 소설은 지역 방언과 구어체에 대한 이해를 높이고자 하는 영어 학습자에게 훌륭한 선택입니다.

• J.K. 롤링(J.K. Rowling)의 "해리포터와 마법사의 돌(Harry Potter and the Philosopher's Stone)" - 이 사랑받는 동화책 시리즈는 어휘력과 관용적 표현에 대한 이해력을 향상시키고자 하는 영어 학습자에게 훌륭한 선택입니다.

- YouTube 동영상:

YouTube 는 다양한 주제와 다양한 형식의 콘텐츠를 제공하기 때문에 섀도잉 연습을 위한 훌륭한 동영상 소스입니다. 또한 많은 동영상에 자막이나 대본이 제공되므로 자료의 이해도를 확인하는 데 도움이 될 수 있습니다.

- TED 강연 - TED 강연은 다양한 주제를 다루며 전 세계의 매력적인 연사들이 강연을 진행하므로 듣기 및 말하기 실력을 향상시키고자 하는 영어 학습자에게 훌륭한 리소스입니다.

- Rachel's English - 미국식 영어 발음을 가르치는 데 중점을 둔 YouTube 채널로, 말하기 실력을 향상시키고자 하는 영어 학습자에게 훌륭한 리소스입니다.

- EnglishClass101 - 문법, 어휘, 발음에 관한 다양한 동영상 강의를 제공하는 YouTube 채널로, 모든 수준의 영어 학습자에게 유용한 자료입니다.

- 엠마와 함께 영어 배우기(Learn English with Emma) - 엠마의 동영상은 문법부터 발음까지 다양한 주제를 다루며 명확하고 간결한 방식으로 제공되므로 이해력과 말하기 능력을 향상시키고자 하는 영어 학습자에게 훌륭한 리소스입니다.

- 바네사와 함께 영어 말하기(Speak English with Vanessa) - 바네사의 동영상은 문법부터 관용 표현까지 다양한 주제를 다루며 명확하고 매력적인 방식으로 제공되므로

말하기와 듣기 실력을 향상시키고자 하는 영어 학습자에게 훌륭한 리소스입니다.

.

전반적으로 쉐도잉 연습에 가장 적합한 미디어 유형은 개인의 학습 스타일과 관심사에 따라 달라집니다. 다양한 유형의 콘텐츠를 실험하여 자신에게 가장 적합한 것을 찾아보세요.

3-3. 독학을 독하게 해도 안 될때, 어떻게 해요?

JC:
제가 양심적으로 단 하나 열심히 했다고 말할 수 있는 것이
하나 있어요. 영어를 시작하는 24 세쯤 당시 <그래머 인
유즈>책을 100 번은 본 것 같아요. 그런데 그 외에 더
나아지기 위한 방법을 '난 해봤다'라고 할만큼 해본 것이 없는
것 같아요.

위의 올 해는 위의 방법들을 다양하게 "직접" 시도해 보고
저에게 맞는 것을 골라서 꾸준히 해볼게요. 꼭, "난
해봤다"라고 말할 수 있을 만큼요.

그런데 영어 독학을 정말 열심히 한 분들도 있으실거에요.
시험이나   읽기(reading),   쓰기(writing),   심지어
듣기(listening)까지도 잘 되지만 말하기(speaking)이 너무
답답해 하는 분들이 계실 것인데요.

이 분들에게 저는 "과외(tutoring)"를 추천드릴 것 같아요.
요즘에는 온라인 과외도 많지만, 아직까지는 대면(face-to-face)
과외를 추천드리고 싶은데요.

위 목차 "3-1" 에서 말씀해 주셨던 "튜터를 고용하세요"라는 부분에 대해 "어떤 튜터를 어떻게 찾고, 선택하는 것이 좋은지"에 대해 궁금합니다.

즈프트:
좋은 질문입니다. 세상에는 다양한 사람들과 다양한 교육법이 존재하죠. 그러나 가장 중요한 것은 학습을 받는 사람과 교육하는 사람이 잘 맞아야 한다는 것입니다.

잘 맞는다는 것의 가장 중요한 점은 교육자가 학습자가 바라는 목표나 목적에 부합하는 스킬을 가지고 함께 바라봐 줄 수 있느냐로 생각합니다. 찾기 쉽진 않겠지만, 꼭 생각해 보실만한 점이기에 말씀드립니다.

그럼 아래는 제 답변입니다.

한국에서 영어 튜터(Tutor, 개인과외하는 사람을 뜻함)를 찾는 다양한 방법과 튜터를 선택할 때 고려해야 할 다양한 측면에 대해 더 자세히 알려드릴 수 있어서 기쁩니다.

온라인 튜터링 플랫폼:

온라인 튜터링 플랫폼은 한국에서 영어 튜터를 찾는 데 인기 있는 옵션입니다. 이러한 플랫폼에서는 언어, 시간대, 가격 등을 기준으로 튜터를 검색할 수 있습니다. 영어 학습을 위한 인기 있는 온라인 튜터링 플랫폼으로는 대표적으로 링글, 캠블리, 엔구 등 너무나도 다양하게 있습니다.

링글 대표님을 만난 뵌적이 있습니다. 그분의 활동 이력과 사업 취지는 저를 엄청나게 감동시켰죠. 다만, JC 는 링글의 홍보대사도 아니고, 대가를 받지도 않습니다. (받고 싶지만요...)

이러한 플랫폼에서는 영어를 제 2 외국어로 가르친 경험이 있고 TESOL 또는 TEFL 자격증과 같은 관련 자격증을 소지한 튜터를 검색할 수 있습니다. 또한 이전 수강생들의 후기를 읽고 자신에게 맞는 강사를 찾을 수도 있습니다.

온라인 튜터링 플랫폼의 또 다른 장점은 편리한 시간에 레슨을 예약할 수 있다는 점입니다. 이는 바쁜 일정이 있거나 현지 영어 강사를 찾기 어려운 외딴 지역에 거주하는 분들에게 특히 유용합니다.

언어 교환 웹사이트:

언어 교환 웹사이트는 한국에서 영어 튜터를 찾을 수 있는 또 다른 방법입니다. 이러한 웹사이트를 통해 한국어를 가르치는 대가로 영어를 가르칠 의향이 있는 언어 파트너를 찾을 수 있습니다. 인기 있는 언어 교환 웹사이트의 대표주자는 밋업(Meet-up)입니다만, 국가별, 지역별에 따라 유명한 서치엔진에서 찾아 보시길 바랍니다. 예를 들어, 한국의 경우는 네이버, 다음, 구글 등이 있겠습니다.

이 웹사이트에서는 위치, 언어, 관심사를 기준으로 언어 파트너를 검색할 수 있습니다. 또한 웹사이트의 메시지 기능을 사용하여 잠재적인 언어 교환 파트너와 소통하고 언어 교환 세션을 예약할 수도 있습니다.

구인 광고:

구인 광고는 한국에서 영어 튜터를 찾는 또 다른 방법입니다. 크레이그리스트와 같은 웹사이트의 구인 광고나 지역 신문을 통해 영어 튜터를 검색할 수 있습니다.

구인 광고를 통해 튜터를 검색할 때는 주의해야 하며 합법적인 튜터와 거래하고 있는지 확인하는 것이 중요합니다. 또한 결정하기 전에 강사의 자격, 가용성, 교수 스타일도 고려해야 합니다.

어학원:

한국의 어학원은 영어 튜터를 찾을 수 있는 또 다른 옵션입니다. 많은 어학원에서 영어 수업과 튜터링 서비스를 제공하며, 거주 지역의 어학원을 검색하여 영어 튜터링 서비스에 대해 문의할 수 있습니다.

어학원을 선택할 때는 학교의 평판, 튜터의 자격, 튜터링 서비스 비용 등의 요소를 고려하세요. 어학원을 직접 방문하여 교육 환경을 살펴보고 잠재적인 강사를 만나보는 것도 좋습니다.

소셜 미디어:

페이스북이나 트위터와 같은 소셜 미디어 플랫폼도 한국에서 영어 튜터를 찾는 데 사용할 수 있습니다. 영어 학습 그룹에 가입하거나 이러한 플랫폼에서 서비스를 제공하는 튜터를 검색할 수 있습니다.

소셜 미디어를 사용하여 튜터를 찾을 때는 주의를 기울이고 합법적인 튜터와 거래하고 있는지 확인하는 것이 중요합니다. 또한 결정하기 전에 강사의 자격, 수업 가능 여부, 교수 스타일도 고려해야 합니다.

즈프트:
위는 튜터들을 찾으실 수 있는 곳들을 알려 드렸습니다. 그러나 이전에 더 중요한 것은 "어떤 튜터"를 찾아서 함께 학습해야 하는 것입니다.

한국에서 영어 튜터를 선택할 때 훌륭하고 적절한 튜터를 찾기 위해 고려해야 할 몇 가지 측면이 있습니다. 다음은 고려해야 할 주요 측면에 대한 몇 가지 추가 세부 정보입니다:

자격 요건:

영어 튜터를 선택할 때는 영어를 제 2 외국어로 가르친 경험이 있고 TESOL 또는 TEFL 자격증과 같은 관련 자격증을 소지한 튜터를 찾는 것이 중요합니다.

예약 가능 여부:

편리한 시간에 강사를 만날 수 있는지 확인하세요. 바쁜 일정이 있거나 다른 약속과 레슨 일정을 조율해야 하는 경우 특히 중요합니다.

가르치는 스타일:

모든 튜터마다 고유한 교수 스타일이 있으므로 자신의 학습 스타일에 맞는 튜터를 찾는 것이 중요합니다. 어떤 강사는 문법과 어휘에 중점을 두고 체계적으로 가르치는 반면, 어떤 강사는 말하기와 듣기 능력을 키우는 데 중점을 두고 회화에 더 집중할 수 있습니다.

비용:

튜터의 가격을 고려하고 예산에 맞는지 확인하세요. 자격이 높고 경험이 많은 튜터는 경험이 적은 튜터보다 더 많은 비용을 청구할 수 있다는 점을 명심하세요.

피드백 및 리뷰:

이전 수강생의 피드백과 후기를 읽고 강사의 수업 스타일과 효과를 파악하는 것이 중요합니다. 많은 온라인 튜터링 플랫폼과 언어 교환 웹사이트가 이전 수강생들의 리뷰와 후기를 제공하므로 정보에 입각한 결정을 내리는 데 도움이 될 수 있습니다.

성격과 호환성:

자신의 학습 성향에 맞는 성격과 교수 스타일을 가진 튜터를 찾는 것이 중요합니다. 정규 레슨을 시작하기 전에 잠재적인 강사와 시험 레슨을 예약하여 강사의 수업 스타일과 개성을 파악하는 것이 좋습니다.

위치:

대면 레슨을 선호하는 경우, 강사의 위치를 고려하고 해당 위치로 이동하기 편리한지 확인하세요.

언어 수준:

튜터가 여러분의 언어 수준에 맞는 영어를 가르칠 수 있는지 확인하세요. 일부 튜터는 초급 또는 고급 영어를 전문적으로 가르칠 수 있으므로 특정 언어 학습 요구 사항을 충족할 수 있는 튜터를 찾는 것이 중요합니다.

유연성:

학습자의 특정 학습 요구에 맞게 교수 스타일을 유연하게 조정할 수 있는 튜터를 찾는 것이 중요합니다. 여기에는 학습자의 학습 선호도에 맞게 교수법이나 교재를 조정하거나 일정이나 시간적 여유를 조정하는 것이 포함될 수 있습니다.

요약하자면,

한국에서 영어 튜터를 찾는 방법에는 온라인 튜터링 플랫폼, 언어 교환 웹사이트, 구인 광고, 어학원, 소셜 미디어 등 여러 가지가 있습니다. 튜터를 선택할 때는 튜터의 자격, 가용성, 교수 스타일, 가격, 피드백 및 후기, 성격 및 호환성, 위치, 언어 수준, 유연성 등의 측면을 고려하세요.

이러한 측면을 고려하면 한국에서 언어 학습 목표를 달성하는 데 도움이 되는 훌륭하고 적절한 영어 튜터를 찾을 수 있습니다.

PART
4

영어 독학 시크릿
-영어 시험 편-

4-1. 국제 영어 시험이 비즈니스 영어에 도움이 될까?

JC:
이번이 마지막 인터뷰가될 것 같네요. 마지막으로 궁금한 내용은 국제적 다양한 영어 시험들에 대한 내용인데요. 우선 이러한 시험들이 학생들이 아닌 직장인들의 비즈니스 영어를 위해서도 도움이 되나요?

즈프트:
당연히 도움이 됩니다. 제가 아는 바로 Jay Cee 가 영어를 가르칠 때 항상 하는 말이 "모든 영어는 영어다" 였죠? 이것과 일맥상통합니다. 그럼 제 답변 드리겠습니다.

영어 시험이나 테스트는 비즈니스 영어를 향상시키는 데 유용한 도구가 될 수 있습니다. 비즈니스 환경에서는 효과적인 의사소통이 매우 중요하며, 언어 능력은 효과적인 의사소통의 필수 요소입니다. 언어 능력은 자신의 생각을 명확하게 전달하고, 동료 및 고객과의 관계를 구축하고, 효과적으로 협상하고, 복잡한 정보를 이해할 수 있게 해줍니다. 영어 시험이나 테스트를 통해 개인은 자신의 언어 능력을 평가하고 개선이 필요한 부분을 파악하여 비즈니스 상황에서 보다 효과적으로 의사소통할 수 있습니다. 영어 시험이나 시험을 보는 것이 비즈니스 영어 향상에 도움이 되는 데에는 몇 가지 이유가 있습니다.

첫째, 시험이나 테스트는 언어 능력을 평가할 수 있는 표준화된 방법을 제공합니다. 표준화된 평가는 개인이 자신의 언어 능력을 다른 사람들과 비교할 수 있게 해주고, 시간 경과에 따른 진전을 측정할 수 있는 신뢰할 수 있는 방법을 제공한다는 점에서 유용합니다. 표준화된 평가는 직원의 언어 능력을 일정 수준 이상인지 확인하려는 고용주에게도 유용할 수 있습니다.

둘째, 영어 시험이나 시험을 준비하고 응시하는 것은 언어 학습자에게 동기를 부여하는 요소가 될 수 있습니다. 많은 언어 학습자들은 구체적인 목표를 세우는 것이 도움이 된다고 생각하며, 시험이나 시험을 준비하는 것은 언어 학습에 집중하는 데 도움이 될 수 있습니다. 또한 시험이나 시험에 합격하면 성취감을 느끼고 자신감을 높일 수 있습니다.

셋째, 영어 시험이나 시험을 보는 것은 언어 학습자가 개선이 필요한 영역을 파악하는 데 유용한 방법이 될 수 있습니다. 시험이나 테스트는 일반적으로 읽기, 쓰기, 듣기, 말하기 등 다양한 언어 능력을 평가합니다. 언어 학습자는 시험 결과를 분석하여 언어 학습에 집중해야 할 영역을 파악할 수 있습니다.

국제 영어 시험과 테스트는 개인의 영어 실력을 표준화하여 측정할 수 있기 때문에 비즈니스 영어에 도움이 되고 유용합니다. 오늘날의 글로벌화된 세계에서 영어는 비즈니스의 공용어가 되었으며, 영어로 효과적으로 의사소통하는 능력은 많은 산업 분야에서 성공하는 데 필수적입니다.

즈프트:
그리고 다음은 비즈니스 상황에서 당연히 필요한 사항들인 두 가지 내용을 추가로 말씀드립니다.

자신감 향상:

영어 시험과 테스트를 치르면 영어 사용에 대한 자신감을 키울 수 있으며, 이는 프레젠테이션과 협상이 빈번한 비즈니스 환경에서 특히 유용할 수 있습니다. 언어 능력을 향상하고 실력을 인정받음으로써 개인은 영어로 효과적으로 의사소통할 수 있다는 자신감을 가질 수 있습니다.

국제적인 인정:

영어 시험과 시험은 전 세계적으로 인정받고 있으며 전 세계 고용주와 교육 기관에서 인정하는 표준 언어 능력 척도를 제공합니다. 이러한 인정은 의사소통을 위한 공통 언어를 제공하기 때문에 국제적으로 일하거나 공부하는 개인에게 특히 중요합니다.

결론적으로, 영어 시험과 테스트는 비즈니스 영어에 매우 유용하고 도움이 됩니다. 표준화된 언어 능력을 측정하고, 강점과 약점을 파악하고, 고용 가능성과 경력 전망을 개선하고, 자신감을 키우고, 국제적인 인정을 받을 수 있기 때문입니다. 비즈니스에 종사하는 개인에게는 강력한 영어 실력이 필수적이며, 영어 시험과 시험은 영어 실력을 개발하고 입증하는 데 도움이 될 수 있습니다.

4-2. 유용하고 신뢰도 높은 영어 시험 7 가지

JC:
영어 시험을 준비하고, 치루는 것이 비즈니스 영어를 위해서도 매우 도움이 되는군요. 그럼 비즈니스 영어를 위한 어떤 시험들이 있고, 각 시험에 대해 장점을 말해주실 수 있을까요? 그리고 이왕 각 시험을 잘 보기 위한 기본 전략들 좀 알려주세요.

즈프트:
알겠습니다. 당연할 수도 있지만 시험을 보기 전에 제대로 알아야 효율성을 높이고, 효과적인 결과를 만들기 위한 전반적인 전략을 각 시험별로 알려드리겠습니다. 당연하다고 그저 시험을 위한 문제집으로 뛰어 들지 마시고, 꼭 읽어 본 후 적용해 보시기 바랍니다.

아래의 영어 시험들은 비즈니스 상황에서 자주 사용되는 가장 일반적이고 신뢰할 수 있는 7 가지 영어 시험이고, 각 시험의 장점과 전략에 대해 나열해 드립니다.

1. 비즈니스 영어 인증(BEC, Business English Certificates)

- 이 시험은 비즈니스 상황에서 영어를 사용해야 하는 전문가를 위해 특별히 고안되었습니다.
- BEC 시험은 네 가지 언어 능력(듣기, 읽기, 쓰기, 말하기)과 비즈니스에 특화된 언어 및 커뮤니케이션 능력을 모두 테스트합니다.
- 이 시험은 전 세계 고용주 및 교육 기관에서 인정합니다.
- BEC 시험에는 세 가지 레벨이 있으므로 응시자는 자신의 능력 수준과 커리어 목표에 가장 적합한 레벨을 선택할 수 있습니다.

시험 형식을 이해합니다:

시험 형식과 문제 유형에 익숙해집니다. BEC 에는 세 가지 레벨이 있습니다: BEC 예비, BEC 어드밴티지, BEC 상급. 각 레벨마다 형식과 과제 세트가 다릅니다. 무엇을 예상해야 하는지 알면 시험에 대비하고 더 나은 성과를 내는 데 도움이 됩니다.

비즈니스 어휘력을 쌓으세요:

BEC 시험은 비즈니스 언어와 용어에 대한 지식을 평가하기 위해 고안되었습니다. 비즈니스 관련 자료를 읽고 비즈니스 관련 과제를 연습하여 비즈니스 어휘력을 쌓는 데 집중해야 합니다. 시험에 출제될 수 있는 주요 용어와 개념을 이해했는지 확인하세요.

과제를 연습하세요:

BEC 시험은 비즈니스 환경에서 효과적으로 의사소통할 수 있는 능력을 평가합니다. 이메일, 보고서, 프레젠테이션 작성과 같이 시험에 출제될 과제를 연습해야 합니다. 또한 프레젠테이션 발표 및 회의 참여와 같은 말하기 과제를 연습해야 합니다.

작문 능력을 개발하세요:

BEC 시험의 작문 과제는 매우 중요하며, 비즈니스 환경에서 효과적으로 글을 쓸 수 있어야 합니다. 이메일, 보고서 및 기타 비즈니스 관련 문서 작성을 연습하세요. 문법, 어휘, 문장 구조에 주의를 기울이세요.

말하기 능력을 향상하세요:

BEC 시험의 말하기 과제는 비즈니스 환경에서 효과적으로 의사소통할 수 있는 능력을 요구합니다. 프레젠테이션을 하고 회의에 참여하는 연습을 하세요. 발음, 억양, 유창성을 연습하세요.

시간 관리:

BEC 시험은 시간이 제한되어 있으므로 모든 과제를 완료하려면 시간을 효과적으로 관리해야 합니다. 모의 시험을 통해 시간 관리를 연습하고 각 과제에 충분한 시간을 할당하세요.

모의 시험을 치르세요:

모의 시험은 BEC 시험에 대비할 수 있는 좋은 방법입니다. 개선이 필요한 부분을 파악하고 시험 형식에 익숙해지는 데 도움이 될 수 있습니다. 실제 시험 환경을 시뮬레이션하기 위해 시험 조건에서 모의 시험을 치르세요.

2. 토익

(TOEIC, Test of English for International Communication)

- 이 시험은 비즈니스 상황에서 영어 능력을 측정하기 위해 고안되었습니다.
- TOEIC은 많은 비즈니스 상황에서 중요한 듣기 및 읽기 능력을 모두 테스트합니다.
- 이 시험은 오랜 역사를 가지고 있으며 전 세계 많은 고용주 및 교육 기관에서 인정받고 있습니다.
- 시험 점수는 일관되고 신뢰할 수 있는 채점 시스템을 기반으로 합니다.

시험 형식을 이해합니다:

토익 시험은 비즈니스 환경에서 영어로 의사소통할 수 있는 능력을 평가합니다. 시험 형식과 문제 유형을 숙지하세요. 시험은 두 섹션으로 구성됩니다: 듣기 및 읽기.

어휘력을 쌓으세요:

토익 시험은 비즈니스 관련 어휘에 대한 지식을 평가합니다. 비즈니스 관련 자료를 읽고 어휘 연습을 통해 어휘력을 쌓는 데 집중하세요.

과제를 연습하세요:

토익 시험은 비즈니스 상황에서 구어와 문어체 영어를 이해하는 능력을 평가합니다. 비즈니스 관련 대화를 듣고, 회의에 참여하고, 비즈니스 관련 문서를 읽는 연습을 해보세요.

듣기 능력을 향상시키세요:

토익 시험의 듣기 영역에서는 비즈니스 관련 대화와 강의를 들어야 합니다. 비즈니스 관련 팟캐스트, 강의, 뉴스 방송을 듣는 연습을 해보세요.

독해 능력을 향상시키세요:

토익 시험의 독해 영역에서는 이메일, 보고서, 메모 등 비즈니스 관련 문서를 읽어야 합니다. 비즈니스 관련 자료를 읽는 연습을 하고 핵심 아이디어, 어휘, 구성에 주의를 기울이세요.

시간 관리:

토익 시험은 시간이 제한되어 있으므로 모든 과제를 완료하려면 시간을 효과적으로 관리해야 합니다. 모의고사를 통해 시간 관리를 연습하고 각 과제에 충분한 시간을 할당해야 합니다.

오답 제거 방법을 활용하세요:

답이 확실하지 않은 경우, 제거 프로세스를 사용하여 선택지를 좁히세요. 틀렸다고 생각되는 답은 모두 제거한 다음 현명하게 추측하세요.

답안을 검토합니다:

시험을 제출하기 전에 시간을 내어 답안을 검토합니다. 오류나 실수가 없는지 확인하고 모든 문제에 답했는지 확인하세요.

모의고사 응시하기:

모의고사는 토익 시험에 대비할 수 있는 좋은 방법입니다. 모의고사를 통해 개선이 필요한 부분을 파악하고 시험 형식에 익숙해질 수 있습니다. 실제 시험 환경과 유사한 조건에서 모의고사를 치르면 실제 시험과 비슷한 경험을 할 수 있습니다.

3. 피어슨 영어 시험(PTE, Pearson Test of English)

- 이 시험은 컴퓨터 기반 시험이므로 결과를 빠르게 확인할 수 있고 신뢰도가 높습니다.
- PTE Academic 은 네 가지 언어 능력을 모두 테스트하며 응시자의 영어 실력을 종합적으로 평가합니다.
- 이 시험은 전 세계 수천 개의 교육 프로그램, 고용주 및 정부에서 인정하고 있습니다.
- PTE 점수는 언어 능력에 대해 널리 인정받는 국제 표준인 유럽 공통 기준 프레임워크(CEFR)와 일치합니다.

시험 형식을 숙지하세요:

좋은 점수를 받으려면 PTE 시험의 구조를 이해하는 것이 중요합니다. 시험 형식을 주의 깊게 공부하여 시험 당일에 무엇을 예상해야 하는지 파악하세요.

영어 실력을 향상하세요:

PTE 시험은 영어 실력을 측정하므로 전반적인 영어 실력을 향상시키는 것이 중요합니다. 읽기, 쓰기, 말하기, 듣기 실력을 정기적으로 연습하세요. 영어 원어민과 대화를 나누고, 영어

책을 읽고, 영어 영화를 보고, 영어 팟캐스트나 노래를
들어보세요.

공식 PTE 학습 자료를 사용하세요:

PTE 아카데믹 공식 가이드와 PTE 아카데믹 실전 모의고사
플러스 등 공식 PTE 학습 자료는 시험 준비에 도움이 되는
가장 신뢰할 수 있는 자료입니다. 시험 형식, 채점 및 지침에
대한 포괄적인 개요는 물론 정답과 해설이 포함된 모의고사를
제공합니다.

모의고사 응시하기:

모의 시험은 시험 준비의 필수적인 부분입니다. 자신의 강점과
약점을 파악하고, 시험 형식에 익숙해지고, 시간 관리 전략을
개발하는 데 도움이 됩니다. 실제 시험 환경을 시뮬레이션할
수 있도록 시간 제한이 있는 조건에서 모의 시험을 치르세요.

현명하게 시간을 관리하세요:

PTE 시험에서는 시간 관리가 매우 중요합니다. 할당된 시간
내에 각 섹션을 해결할 수 있는 전략을 수립하세요. 예를 들어,

말하기 섹션에서는 서두르거나 너무 느리게 말하지 않고 제한 시간 내에 답변을 전달하는 연습을 하세요.

발음과 억양에 집중하세요:

PTE 시험은 발음과 억양에 중점을 둡니다. 단어를 명확하게 발음하고 올바른 억양을 사용하여 메시지를 정확하게 전달할 수 있도록 연습하세요. 말하는 모습을 녹음하고 들으면서 개선이 필요한 부분을 파악하세요.

실수를 복습하세요:

모의고사나 모의 시험을 치른 후에는 실수를 꼼꼼히 복습하세요. 실수한 이유와 앞으로는 어떻게 실수를 피할 수 있을지 분석하세요. 강점은 유지하면서 약점을 개선하는 데 집중하세요.

침착하고 자신감을 유지하세요:

시험 불안은 성적에 영향을 미칠 수 있습니다. 시험 내내 침착하고 자신감을 유지하며 자신의 준비 과정을 믿으세요. 심호흡을 하고 마음을 비우고 당면한 과제에 집중하세요.

4. 아이엘츠

(IELTS, International English Language Testing System)

- 이 시험은 전 세계 고용주 및 교육 기관에서 널리 인정하고 인정하는 시험입니다.
- IELTS 는 네 가지 언어 능력을 모두 테스트하며 응시자의 영어 능력을 종합적으로 평가합니다.
- 이 시험에는 학업용 모듈과 일반용 모듈이 모두 있어 응시자는 자신의 능력 수준과 목표에 가장 적합한 모듈을 선택할 수 있습니다.
- 시험 점수는 일관되고 신뢰할 수 있는 채점 시스템을 기반으로 합니다.

시험 형식을 이해합니다:

IELTS 시험은 네 가지 영역에서 영어 실력을 평가합니다: 듣기, 읽기, 쓰기, 말하기입니다. 각 영역의 시험 형식과 문제 유형을 숙지하세요.

어휘력을 쌓으세요:

IELTS 시험은 학문적 어휘와 일반 어휘에 대한 지식을 평가합니다. 학술 및 일반 자료를 읽고 어휘 연습을 통해 어휘력을 쌓는 데 집중하세요.

과제를 연습하세요:

IELTS 시험은 영어로 효과적으로 의사소통할 수 있는 능력을 평가합니다. 학술 강의를 듣고, 그룹 토론에 참여하고, 에세이를 쓰고, 학술 텍스트를 읽는 연습을 해보세요.

듣기 실력을 향상하세요:

IELTS 시험의 듣기 영역에서는 학술 강의와 대화를 들어야 합니다. 학술 강의를 듣고, 필기하고, 요점을 요약하는 연습을 해보세요.

읽기 능력을 향상시키세요:

IELTS 시험의 읽기 영역에서는 학술 텍스트와 일반 자료를 읽어야 합니다. 학술 텍스트와 일반 자료를 읽는 연습을 하고 핵심 아이디어, 어휘 및 구성에 주의를 기울이세요.

쓰기 능력을 개발하세요:

IELTS 시험의 쓰기 영역에서는 에세이와 편지를 써야 합니다. 에세이와 편지 쓰기를 연습하고, 글의 구조를 짜고, 아이디어를 발전시키고, 적절한 어휘와 문법을 사용하세요.

말하기 능력을 개발하세요:

IELTS 시험의 말하기 영역에서는 영어로 효과적으로 의사소통할 수 있어야 합니다. 다른 사람들과 영어로 말하는 연습을 하고 그룹 토론, 역할극, 프레젠테이션에 참여하세요.

시간 관리:

IELTS 시험은 시간이 제한되어 있으므로 모든 과제를 완료하려면 시간을 효과적으로 관리해야 합니다. 모의 시험을 통해 시간 관리를 연습하고 각 과제에 충분한 시간을 할당하세요.

오답 제거 방법을 활용합니다:

답이 확실하지 않은 경우, 제거 프로세스를 사용하여 선택지를 좁히세요. 틀렸다고 생각되는 답은 모두 제거한 다음 현명하게 추측하세요.

답안을 검토합니다:

시험을 제출하기 전에 시간을 내어 답안을 검토합니다. 오류나 실수가 없는지 확인하고 모든 문제에 답했는지 확인하세요.

5. 토플(TOEFL, Test of English as a Foreign Language)

- 이 시험은 학업 또는 비즈니스 환경에서 영어를 사용해야 하는 영어가 모국어가 아닌 사용자를 위해 특별히 고안되었습니다.
- TOEFL 은 네 가지 언어 능력을 모두 테스트하며 응시자의 영어 능력을 종합적으로 평가합니다.
- 이 시험은 전 세계 수천 개의 학업 프로그램, 고용주 및 정부 기관에서 인정합니다.
- 시험 점수는 일관되고 신뢰할 수 있는 채점 시스템을 기반으로 합니다.

시험 형식을 이해합니다:

토플 시험 형식과 문제 유형에 익숙해지세요. 시험은 네 가지 섹션으로 구성됩니다: 읽기, 듣기, 말하기, 쓰기입니다. 무엇을 예상해야 하는지 알면 시험에 대비하고 더 나은 성적을 내는 데 도움이 됩니다.

어휘력을 쌓으세요:

토플 시험은 영어와 어휘에 대한 지식을 평가합니다. 학습 자료를 읽고 어휘 연습을 통해 어휘력을 쌓는 데 집중하세요.

과제를 연습하세요:

토플 시험은 학업 환경에서 효과적으로 의사소통할 수 있는 능력을 평가합니다. 학술 텍스트 읽기, 강의 듣기, 토론 참여, 에세이 쓰기 등 시험에 출제될 과제를 연습해야 합니다.

읽기 능력을 향상시키세요:

토플 시험의 읽기 영역은 중요하며, 학술 지문을 읽고 이해할 수 있어야 합니다. 학술 텍스트를 읽는 연습을 하고 핵심 아이디어, 어휘 및 구성에 주의를 기울이세요.

듣기 능력을 개발하세요:

토플 시험의 듣기 영역에서는 강의, 대화, 토론을 들어야 합니다. 영어 팟캐스트, 강의, 뉴스 방송을 들으며 듣기 연습을 하세요.

말하기 실력을 향상하세요:

토플 시험의 말하기 영역에서는 학업 환경에서 효과적으로 의사소통할 수 있어야 합니다. 프레젠테이션하기, 토론 참여하기, 학술 텍스트 요약하기 등의 말하기 과제를 연습하세요.

작문 능력을 개발하세요:

TOEFL 시험의 작문 영역은 중요하며, 학업 환경에서 효과적으로 작문할 수 있어야 합니다. 문법, 어휘, 문장 구조에 주의를 기울이며 에세이 작문을 연습하세요.

시간 관리:

토플 시험은 시간이 정해져 있으므로 모든 과제를 완료하려면 시간을 효과적으로 관리해야 합니다. 모의 시험을 통해 시간 관리를 연습하고 각 과제에 충분한 시간을 할당하세요.

모의 시험을 치르세요:

모의 시험은 토플 시험에 대비할 수 있는 좋은 방법입니다. 개선이 필요한 부분을 파악하고 시험 형식에 익숙해지는 데 도움이 될 수 있습니다. 실제 시험 환경을 시뮬레이션하기 위해 시험 조건에서 모의 시험을 치르세요.

시험 환경에 익숙해지세요:

토플 시험은 컴퓨터에서 치러지므로 컴퓨터 기반 시험 환경에 익숙해져야 합니다. 컴퓨터로 시험에 응시하는 연습을 하고 시험 소프트웨어와 인터페이스에 익숙해지도록 하세요.

6. 캠브리지 영어: Cambridge English: Business Higher (BEC Higher)

- 이 시험은 고위 비즈니스 또는 관리직에서 영어를 사용해야 하는 전문가를 위해 고안되었습니다.
- BEC Higher 는 네 가지 언어 능력과 비즈니스에 특화된 언어 및 의사소통 능력을 모두 테스트합니다.
- 이 시험은 전 세계 고용주 및 교육 기관에서 인정합니다.
- 응시자는 자신의 비즈니스 분야와 관련된 다양한 주제 중에서 선택할 수 있습니다.

시험 포맷을 이해합니다:

시험 형식, 구조 및 시간을 이해하는 것부터 시작하세요. 시험의 다양한 섹션, 문제 유형 및 지침을 숙지합니다.

비즈니스 어휘력 향상:

비즈니스 어휘력, 특히 비즈니스 세계에서 사용되는 주요 용어를 향상시키는 데 집중하세요. 해당 업계에서 사용되는 특정 용어를 알고 있는지 확인하세요.

샘플 시험으로 연습하세요:

샘플 시험이나 기출 문제로 연습하여 출제되는 문제 유형에 익숙해지세요. 이를 통해 보완해야 할 부분을 파악하고 자신감을 키울 수 있습니다.

읽기 및 듣기에 집중하세요:

시험의 읽기 및 듣기 영역에 세심한 주의를 기울이세요. 뉴스 기사, 보고서, 업계별 간행물 등 비즈니스 관련 자료를 읽으며 독해력을 향상하세요. 비즈니스 관련 팟캐스트나 라디오 쇼를 듣는 것도 듣기 능력을 향상하는 데 도움이 될 수 있습니다.

작문 능력을 향상하세요:

쓰기 섹션에서는 비즈니스 이메일, 편지, 보고서 작성을 연습하세요. 다양한 유형의 비즈니스 서신에 적합한 형식과 어조에 익숙해지도록 하세요.

시간 관리 연습: BEC 시험에서는 시간 관리가 매우 중요합니다. 각 섹션에 할당된 시간을 숙지하고 효과적으로 시간을 관리하는 연습을 하세요.

효과적인 시험 응시 전략 사용:

시험 당일에는 지시 사항을 주의 깊게 읽고, 속도를 조절하고, 가장 쉬운 문제부터 답하는 등 효과적인 시험 응시 전략을 사용하세요. 한 문제에 너무 많은 시간을 할애하지 말고 시간이 남으면 그 문제로 다시 돌아오세요.

이러한 전략을 따르면 BEC 시험을 효과적이고 효율적으로 준비하여 좋은 결과를 얻을 수 있습니다.

7. 직업 영어 시험(OET, The Occupational English Test)

- 이 시험은 업무에 영어를 사용해야 하는 의료 전문가를 위해 고안되었습니다.
- OET 는 네 가지 언어 능력을 모두 테스트하며 의료 환경에 특화된 언어 및 의사소통 능력에 중점을 둡니다.
- 이 시험은 전 세계 많은 규제 당국, 고용주 및 교육 기관에서 인정하고 있습니다.
- 시험 점수는 일관되고 신뢰할 수 있는 채점 시스템을 기반으로 합니다.

시험 형식을 이해합니다:

준비를 시작하기 전에 시험 형식, 시간 제한 및 각 섹션에서 출제되는 문제 유형을 숙지하는 것이 중요합니다.

영어 실력을 향상시키세요:

OET 는 영어 실력을 테스트하는 시험이므로 정기적으로 읽기, 쓰기, 말하기, 듣기 연습을 통해 언어 능력을 향상시키는 데 집중하는 것이 중요합니다.

공식 학습 자료를 사용하세요:

OET 웹사이트에서는 샘플 시험, 연습 문제 및 학습 가이드를 포함한 공식 학습 자료를 제공합니다. 이러한 자료를 사용하면 시험 형식과 예상되는 문제 유형을 더 잘 이해할 수 있습니다.

튜터 또는 스터디 그룹과 함께 공부하세요:

튜터나 스터디 그룹과 함께 공부하면 영어 실력을 향상하고 자신의 능력에 대한 자신감을 얻는 데 도움이 될 수 있습니다. 튜터와 함께 말하기, 쓰기, 듣기를 연습하고 피드백을 받을 수 있습니다.

시간 관리에 집중하세요:

시험 중에는 시간 관리가 매우 중요합니다. 연습 세션 동안 질문에 답하면서 효과적으로 시간을 관리하는 연습을 해야 합니다.

모의 시험 응시 연습하기:

모의 시험을 치르는 것은 OET 준비의 중요한 부분입니다. 모의 시험을 통해 시험 형식에 익숙해지고 실제 시험을 치를 때 더 자신감을 가질 수 있습니다.

실수를 분석하세요:

모의고사를 치른 후에는 실수를 분석하고 개선이 필요한 부분을 파악하세요. 이렇게 하면 해당 영역에 집중하고 성적을 향상하는 데 도움이 됩니다.

의학 기사를 읽고 쓰세요:

OET 는 의료 전문가를 위해 특별히 고안되었으므로 의학 기사를 읽고 쓰는 것이 중요합니다. 이를 통해 의학 어휘, 용어 및 글쓰기 스타일에 익숙해지는 데 도움이 됩니다.

의학 강의와 팟캐스트를 들어보세요:

의학 강의와 팟캐스트를 들으면 듣기 능력과 이해력을
향상하는 데 도움이 될 수 있습니다. 들으면서 의학 어휘와
용어를 배울 수도 있습니다.

동기부여를 유지하세요:

준비 단계에서는 동기를 유지하는 것이 중요합니다. 달성
가능한 목표를 설정하고 목표를 달성한 후에는 스스로에게
보상하세요. 긍정적인 자기 대화와 긍정적인 마음가짐도 동기
부여를 유지하는 데 도움이 될 수 있습니다.

전반적으로 이 7 가지 영어 시험은 모두 일반적으로 사용되고
신뢰할 수 있는 영어 능력 측정 수단이며, 각 시험은 다양한
목적과 응시자에게 적합한 고유한 장점을 가지고 있습니다.

그리고 각 시험의 전략이 중복되는 부분들도 많습니다. 이
말은 그 중복되는 부분만큼은 매우 중요하다고 생각하시면

됩니다. 또한, 각 시험에 다른 전략이 있다고 하더라도 모든 전략들은 각 시험에 유용하게 활용하실 수 있습니다.

JC:

이전에 말씀해 주신 저의 영어에 대한 철학 중 하나인 "모든 영어는 영어다"라는 것으로 부터 시험 영어 또한 습득하면 언제 어디서나 쓸 수 있다고 생각합니다.

다만, 저의 경우는 시험 영어의 장점들 중 한 가지가 가장 강력하게 작용합니다.

바로 학습을 밀어 부쳐 주는 "시험을 위한 기간"인데요. 시험을 위해 준비할 때는 저뿐만 아니라 모든 사람들이 정말 열심히 하는 것을 볼 수 있더라고요.

저도 올 해 TOEIC 뿐만 아니라 다른 시험도 하나 도전해야겠습니다. 즈프트 씨, 그동안 인터뷰에 응해 주셔서 감사합니다.

부록

- 영화 30선 / 드라마 30선 / 영어 속담 100선 / 영어 구동사 100선 / 비즈니스 영어 문장 100선 -

직장인이 영어 공부하기 좋은 영화 30 선

영어 초보자가 공부하기 좋은 유명하고 인기 있는 영화 30 편과 그 이유를 소개하는 목록입니다:

1. **포레스트 검프(Forrest Gump)** - 명확하고 느린 대사가 있으며, 미국 문화를 배우기에 좋은 역사적 사건이 등장합니다.
2. **라이온 킹(Lion King)** - 간단한 대사와 기억에 남는 노래가 있는 재미있는 스토리가 포함되어 있습니다.
3. **타이타닉(Titanic)** - 명료한 대사와 드라마틱한 스토리라인으로 듣기 이해력 연습에 좋습니다.
4. **해리포터와 마법사의 돌(Harry Ptter and the Philosopher's Stone)** - 따라 하기 쉬운 대화와 마법 어휘가 있는 고전 이야기
5. **나홀로 집에(Home Alone)** - 이해하기 쉬운 대화와 도둑으로부터 집을 지키는 어린 소년의 재미있는 스토리가 많이 포함되어 있습니다.
6. **오즈의 마법사(The wizard of Oz)** - 간단한 대화와 재미있고 마법 같은 스토리가 있는 고전 영화
7. **E.T.** - 명확한 대화와 소년과 외계인 친구에 대한 따뜻한 이야기가 특징입니다.
8. **쥬라기 공원(Jurassic Park)** - 따라 하기 쉬운 대화와 공룡에 대한 스릴 넘치는 스토리가 있습니다.

9. **사운드 오브 뮤직(Sound of Music)** - 오스트리아의 한 가족에 대한 기억에 남는 노래와 이해하기 쉬운 대사가 포함되어 있습니다.

10. **베스트 키드(Best Kid)** - 무술을 배우는 소년의 간단한 대화와 재미있는 스토리가 특징입니다.

11. **그리스(Grease)** - 고등학교 로맨스에 관한 귀에 쏙쏙 들어오는 노래와 이해하기 쉬운 대사가 있습니다.

12. **브렉퍼스트 클럽(The Breakfast Club)** - 친근한 10 대 캐릭터와 고등학교 생활에 대한 이해하기 쉬운 대사가 특징입니다.

13. **퀸카로 살아남는 법(Mean Girls)**- 고등학교 파벌에 대한 이해하기 쉬운 대화가 있는 인기 영화

14. **니모를 찾아서(Finding Nemo)** - 따라 하기 쉬운 대화와 잃어버린 아들을 찾는 아버지에 대한 재미있는 스토리가 있습니다.

15. **몬스터 주식회사(Monster INC)** - 생계를 위해 아이들을 겁주는 괴물들에 대한 이해하기 쉬운 대화가 있는 재미있는 영화입니다.

16. **슈렉(Shrek)** - 이해하기 쉬운 대화와 반전이 있는 재미있는 동화 스토리가 특징입니다.

17. **인크레더블(The Incredibles)** - 슈퍼 히어로 가족에 대한 이해하기 쉬운 대화가 있는 재미있는 영화

18. **라따뚜이(Ratatouille)** - 요리사가 된 쥐에 대한 명료한 대화가 담긴 따뜻한 이야기

19. **토이 스토리(Toy Story)** - 이해하기 쉬운 대화와 살아 움직이는 장난감에 대한 재미있는 스토리가 포함되어 있습니다.

20. **업(UP)** - 따라하기 쉬운 대화와 함께 모험을 떠나는 남자와 어린 소년의 따뜻한 이야기가 특징입니다.

21. **행복을 찾아서(The Pursuit Of Happyness)** - 명확한 대화와 꿈을 이루기 위해 도전을 극복하는 한 남자의 감동적인 이야기가 포함되어 있습니다.

22. **블라인드 사이드(Blind Side)** - 노숙자 청소년을 받아주고 축구 스타가 될 수 있도록 도와주는 가족에 대한 명쾌한 대화가 있는 따뜻한 영화입니다.

23. **안녕, 헤이즐(The Fault in Our Stars)** - 이해하기 쉬운 대화와 젊은 사랑과 암에 대한 감동적인 스토리가 특징입니다.

24. **소셜 네트워크(The Social Network)** - 대화가 명확하며 소셜 미디어와 기술의 역사에 대해 배우기에 좋습니다.

25. **뷰티풀 마인드(A beautiful Mind)** - 정신 질환을 극복한 수학자에 대한 명료한 대사가 있는 전기 영화

26. **이미테이션 게임(The Imitation Game)** - 2차 세계대전 중 암호 해독자에 대한 명확한 대사가 있는 전기 영화

27. **굿 윌 헌팅(Good Will Hunting)** - 수학에 재능을 가진 젊은이에 대한 명확한 대화가 담긴 극적인 영화

28. **쇼생크 탈출(The Shawshank Redemption)** - 감옥에 갇힌 한 남자의 드라마틱한 스토리와 명확한 대사가 있는 고전 영화

29. **죽은 시인의 사회(Dead Poets Society)** - 명료한 대사가 특징이며 꿈을 좇는 것의 중요성에 대해 배우기에 좋습니다.
30. **그린 마일(The Green Mile)** - 초자연적인 능력을 가진 사형수의 이야기를 담은 명료한 대사가 있는 드라마틱한 영화입니다.

이 영화들은 명확하고 이해하기 쉬운 대사, 공감할 수 있는 주제, 상징적인 스토리라인으로 학습자의 흥미를 유발하고 영어 공부를 더 즐겁게 만들어주기 때문에 영어 초보자에게 좋습니다.

비즈니스 영어 공부하기 좋은 드라마 30선

비즈니스 영어 공부에 도움이 되는 영어 드라마 10편을 소개합니다:

1. **슈츠(Suits)** - 이 법률 드라마는 빠르게 변화하는 기업 법률의 세계에 초점을 맞추고 있으며, 비즈니스 전문 용어와 협상에 대해 배울 수 있는 내용이 많습니다.
2. **오피스(The Office, 미국)** - 제지 회사를 배경으로 한 이 모큐멘터리 스타일의 드라마는 사무실 문화와 경영에 대한 유머러스한 시각을 제공합니다.
3. **빌리언스(Billions)** - 미국 변호사와 헤지펀드 억만장자 사이의 권력 투쟁을 다룬 드라마로 금융, 법률, 정치의 세계를 파헤칩니다.
4. **매드 맨(Mad Men)** - 1960년대를 배경으로 뉴욕의 광고 에이전시 직원들을 따라가는 이 드라마는 마케팅과 브랜딩의 세계에 대한 통찰력을 제공합니다.
5. **실리콘 밸리(Silicon Valley)** - 스타트업, 기업가 정신, 혁신에 초점을 맞춰 기술 산업을 풍자적으로 바라보는 코미디 시리즈입니다.
6. **보드워크 엠파이어(Boardwalk Empire)** - 금주령 시대의 애틀랜틱 시티를 배경으로 한 역사 드라마로, 조직 범죄와 비즈니스의 세계를 탐구합니다.

7. **석세션(Succession)** - 이 드라마는 부유한 로이 가문과 그들의 미디어 제국을 따라가며 가족 비즈니스의 역학 관계와 기업의 권력 투쟁에 대한 통찰력을 제공합니다.

8. **웨스트 윙(The West Wing)** - 백악관을 배경으로 한 정치 드라마로, 정부의 정책 결정과 의사 결정 과정에 대한 인사이트를 제공합니다.

9. **홀트 앤 캐치 파이어(Halt and Catch Fire)** - 1980 년대를 배경으로 한 이 드라마는 컴퓨터 엔지니어와 기업가들이 차세대 기술을 개발하기 위해 노력하는 과정을 따라갑니다.

10. **더 크라운(The Crown)** - 엘리자베스 2 세 여왕의 통치를 다룬 역사 드라마로, 영국 왕실과 정부의 운영에 대한 통찰력을 제공합니다.

각 드라마는 기업 운영, 광고, 기술 스타트업, 정치 등 비즈니스 세계에 대한 독특한 통찰력을 제공합니다. 드라마라는 매체를 통해 이러한 세계에 몰입함으로써 초보자는 비즈니스 용어와 맥락을 접할 수 있을 뿐만 아니라 자신의 직업 생활에 적용할 수 있는 커뮤니케이션 스타일과 리더십 기법을 관찰할 수 있습니다.

자주 쓰이는 "영어 속담(proverb)" 100 선

1. A bird in the hand is worth two in the bush.
2. A chain is only as strong as its weakest link.
3. A penny saved is a penny earned.
4. Actions speak louder than words.
5. All good things come to those who wait.

6. All is fair in love and war.
7. An apple a day keeps the doctor away.
8. An ounce of prevention is worth a pound of cure.
9. As you sow, so shall you reap.
10. Beggars can't be choosers.
11. Better late than never.
12. Blood is thicker than water.
13. Clothes make the man.
14. Curiosity killed the cat.
15. Don't bite the hand that feeds you.
16. Don't count your chickens before they hatch.
17. Don't cry over spilled milk.
18. Don't judge a book by its cover.
19. Don't put all your eggs in one basket.
20. Early to bed and early to rise, makes a man healthy, wealthy, and wise.
21. Every cloud has a silver lining.

22. Every dog has its day.
23. Every man is the architect of his own fortune.
24. Familiarity breeds contempt.
25. Fight fire with fire.
26. Fortune favors the bold.
27. Give credit where credit is due.
28. Good things come to those who wait.
29. Haste makes waste.
30. He who hesitates is lost.
31. Home is where the heart is.
32. Honesty is the best policy.
33. If at first, you don't succeed, try, try again.
34. If the shoe fits, wear it.
35. If you can't beat them, join them.
36. If you play with fire, you'll get burned.
37. Ignorance is bliss.
38. It ain't over till it's over.
39. It takes two to tango.
40. Kill two birds with one stone.
41. Laughter is the best medicine.
42. Let bygones be bygones.
43. Life is a journey, not a destination.
44. Like father, like son.
45. Look before you leap.
46. Love conquers all.

47. Money can't buy happiness.
48. Necessity is the mother of invention.
49. No pain, no gain.
50. Nothing ventured, nothing gained.
51. One man's trash is another man's treasure.
52. Out of sight, out of mind.
53. Patience is a virtue.
54. Practice makes perfect.
55. Prevention is better than cure.
56. Rome wasn't built in a day.
57. Seeing is believing.
58. Slow and steady wins the race.
59. Strike while the iron is hot.
60. The apple doesn't fall far from the tree.
61. The best things in life are free.
62. The devil is in the details.
63. The early bird catches the worm.
64. The grass is always greener on the other side.
65. The more, the merrier.
66. The proof of the pudding is in the eating.
67. The squeaky wheel gets the grease.
68. There's no place like home.
69. There's no time like the present.
70. Time heals all wounds.
71. To err is human, to forgive divine.

72. Two heads are better than one.
73. Two wrongs don't make a right.
74. United we stand, divided we fall.
75. When in Rome, do as the Romans do.
76. Where there's smoke, there's fire.
77. You can lead a horse to water, but you can't make it drink.
78. You can't have your cake and eat it too.
79. You can't judge a book by its cover.
80. You can't make an omelet without breaking eggs.
81. You can't please everyone.
82. You can't teach an old dog new tricks.
83. You reap what you sow.
84. You scratch my back and I'll scratch yours.
85. You're never too old to learn.
86. You've got to take the good with the bad.
87. A leopard cannot change its spots.
88. A picture is worth a thousand words.
89. A watched pot never boils.
90. All that glitters is not gold.
91. Better safe than sorry.
92. Charity begins at home.
93. Cleanliness is next to godliness.
94. Every rose has its thorn.
95. Every stick has two ends.

96. First things first.

97. Give a man a fish, and you feed him for a day; teach a man to fish, and you feed him for a lifetime.

98. God helps those who help themselves.

99. Half a loaf is better than no bread.

100. When the going gets tough, the tough get going.

자주 쓰이는 "영어 구동사(Phrasal Verb,동사+전치사)" 100 선

1. Ask out - To invite someone on a date
2. Back up - To move backward, to support or confirm something
3. Blow up - To explode or become angry
4. Break down - To stop working or functioning, to lose control emotionally
5. Bring up - To raise a topic or subject in conversation, to mention something
6. Call off - To cancel something
7. Carry on - To continue doing something
8. Catch up - To reach the same level or pace as someone else
9. Check in - To register or arrive at a hotel, to confirm one's presence
10. Cheer up - To become happier or make someone else happier
11. Come across - To meet or find by chance
12. Come up with - To think of an idea or solution
13. Count on - To rely on someone or something
14. Cut down - To reduce the amount or quantity of something
15. Cut off - To disconnect or stop the flow of something

16. Do without - To manage without something
17. Dress up - To wear formal or special clothing
18. Drop off - To fall asleep, to deliver something or someone
19. End up - To result in or reach a final conclusion
20. Figure out - To understand or solve something
21. Fill out - To complete a form or document
22. Find out - To discover or learn something
23. Get along - To have a good relationship with someone
24. Get away - To escape or go on vacation
25. Get over - To recover from an illness or a difficult experience
26. Give up - To stop trying or surrender
27. Go ahead - To proceed or continue
28. Go out - To leave one's home or go on a date
29. Hang out - To spend time with someone or in a particular place
30. Hold on - To wait or continue to hold something
31. Keep up - To maintain a pace or level
32. Kick off - To start or begin something
33. Knock out - To defeat or make someone unconscious
34. Lay off - To terminate someone's employment, to stop doing something
35. Let down - To disappoint or fail someone

36. Look forward to - To anticipate or be excited about something
37. Look up - To search for information, to admire someone
38. Make up - To invent or create, to reconcile with someone
39. Pass out - To lose consciousness, to distribute something
40. Pay back - To repay money or a favor
41. Pick up - To collect or learn something, to lift something or someone
42. Point out - To draw attention to or indicate something
43. Pull over - To stop a vehicle on the side of the road
44. Put off - To postpone or delay something
45. Put up with - To tolerate or endure something
46. Run into - To meet someone unexpectedly, to collide with something
47. Set up - To arrange or prepare something, to frame someone
48. Show up - To arrive or appear, to expose or prove something
49. Stand out - To be noticeable or exceptional
50. Take off - To remove or become successful suddenly
51. Take over - To assume control or responsibility
52. Talk over - To discuss something with someone
53. Tear up - To rip into pieces, to feel emotional or cry
54. Think over - To consider or reflect on something
55. Throw away - To discard or get rid of something

56. Try on - To test or wear a piece of clothing
57. Turn down - To refuse
58. Turn off - To switch off, to lose interest
59. Turn on - To switch on, to excite or attract
60. Turn up - To increase the volume or intensity, to arrive unexpectedly
61. Use up - To exhaust or deplete a supply
62. Wake up - To stop sleeping, to become aware of something
63. Watch out - To be careful or cautious
64. Wear out - To become worn or exhausted
65. Work out - To exercise or solve a problem, to succeed or develop well
66. Write down - To record or write something on paper
67. Add up - To make sense or calculate correctly
68. Ask for - To request or seek something
69. Back down - To withdraw or concede a position
70. Bear with - To be patient with someone or something
71. Blow over - To pass or come to an end
72. Break in - To enter by force or wear in something new
73. Bring on - To cause or provoke something
74. Brush up - To improve or refresh one's knowledge or skills
75. Build up - To accumulate or increase gradually
76. Burn out - To become exhausted or lose enthusiasm

77. Buy out - To purchase a company or business

78. Call up - To telephone or summon someone

79. Carry out - To complete or fulfill a task or plan

80. Check out - To leave a hotel or investigate something

81. Clean up - To tidy or make something clean

82. Come along - To accompany or make progress

83. Come back - To return to a place or situation

84. Come in - To enter a room or participate in something

85. Count out - To exclude or eliminate something

86. Cross out - To delete or cancel something

87. Cut in - To interrupt or enter a conversation or line

88. Do up - To fasten or renovate something

89. Draw up - To prepare or compose a document or plan

90. Dress down - To wear informal or casual clothing

91. Drop in - To visit someone casually or without an appointment

92. Drop out - To withdraw or quit something

93. Eat out - To dine in a restaurant

94. Fall apart - To break into pieces or fail

95. Fill in - To complete a form or provide information

96. Find out - To discover or learn something

97. Get ahead - To progress or succeed

98. Get by - To manage or survive with limited resources

99. Get in - To enter or arrive

100. Go back - To return to a previous place or time

1. Can we schedule a meeting for next week?
2. Let's discuss the agenda for the meeting.
3. I have some concerns about this proposal.
4. Can you provide more information on this topic?
5. What is the status of the project?
6. We need to increase our sales figures.
7. Have you completed the report?
8. What are your thoughts on the matter?
9. I suggest we consider other options.
10. Can we move forward with this plan?
11. We need to revise our marketing strategy.
12. Let's set a deadline for the project.
13. What is the budget for this project?
14. I'll send you the details via email.
15. We need to cut costs to stay within budget.
16. Can you give me an update on the project?
17. Let's brainstorm some ideas for the campaign.
18. Can we get more information on the competition?
19. I think we should focus on our strengths.
20. We need to improve our customer service.
21. Can you prepare a presentation for the meeting?
22. We need to analyze the market trends.

23. Let's collaborate on this project.

24. Can we get input from other team members?

25. I suggest we conduct a survey to get feedback.

26. Let's explore new business opportunities.

27. Can you provide a progress report on the project?

28. We need to enhance our online presence.

29. I recommend we invest in new technology.

30. Let's review the terms of the contract.

31. We need to streamline our processes.

32. Can we get an estimate for the costs?

33. Let's schedule a follow-up meeting.

34. We need to assess the risks involved.

35. Can we get a second opinion on this matter?

36. I suggest we hire a consultant to help us.

37. Let's evaluate the potential benefits and drawbacks.

38. Can you provide some data to support your argument?

39. We need to develop a contingency plan.

40. Let's implement some changes to improve efficiency.

41. Can we schedule a training session for the team?

42. We need to improve our communication with clients.

43. Let's discuss the feasibility of the proposal.

44. Can we get some feedback from customers?

45. I think we need to restructure the company.

46. We need to diversify our product offerings.

47. Let's establish clear objectives for the project.

48. Can we get some input from the finance department?
49. We need to monitor the progress of the project.
50. Let's prepare a detailed project plan.
51. Can we get some input from the legal department?
52. We need to ensure compliance with regulations.
53. Let's allocate resources effectively.
54. Can we arrange a conference call with the client?
55. We need to resolve this issue as soon as possible.
56. Let's negotiate the terms of the agreement.
57. Can we get some feedback from suppliers?
58. We need to analyze the market demand.
59. Let's enhance our brand image.
60. Can we get some input from the HR department?
61. We need to improve employee satisfaction.
62. Let's delegate tasks effectively.
63. Can we schedule a site visit to the location?
64. We need to improve our project management.
65. Let's develop a marketing campaign for the new product.
66. Can we get some input from the research department?
67. We need to innovate and stay ahead of the competition.
68. Let's prioritize tasks based on urgency and importance.
69. Can we establish a partnership with another company?
70. We need to improve our supply chain management.
71. Let's analyze the customer feedback to improve our products.

72. Can we create a social media marketing plan?
73. We need to develop a customer retention strategy.
74. Let's establish key performance indicators (KPIs) for the project.
75. Can we create a proposal to attract new clients?
76. We need to improve our website's user experience.
77. Let's research the latest industry trends.
78. Can we create a budget for the project?
79. We need to improve our product quality.
80. Let's identify potential business partners.
81. Can we create a roadmap for the project?
82. We need to develop a training program for employees.
83. Let's establish a clear pricing strategy.
84. Can we conduct a market analysis?
85. We need to improve our customer retention rate.
86. Let's create a project timeline.
87. Can we create a customer satisfaction survey?
88. We need to establish a strong brand identity.
89. Let's develop a content marketing strategy.
90. Can we optimize our website for search engines?
91. We need to develop a crisis management plan.
92. Let's establish a clear sales strategy.
93. Can we improve our product packaging?
94. We need to evaluate the effectiveness of our marketing campaigns.

95. Let's create a referral program for our customers.

96. Can we improve our customer service response time?

97. We need to develop a long-term business plan.

98. Let's create a strategy to increase brand awareness.

99. Can we establish a customer loyalty program?

100. Let's schedule a meeting to discuss the project's progress and next steps.

더 나은 CEO가 되고 싶으신가요? 더 나은 팀장이 되고 싶으신가요? 또는 더 나은 팀원이 되어 회사의 매출과 나의 연봉까지 올리고 싶진 않으세요? 다양한 분야에서 이미 수준 높은 기술을 가지고 있는 대한민국. 그러나 앞으로 더 성장하기 위해서는 다양한 분야의 직장인들의 영어 능력이 높아져야 한다고 생각합니다. 이 책은 가족을 위해, 커뮤니티를 위해, 우리나라를 위해 바쁘게 뛰고 있는 우리나라 직장인들이 더 높은 가치와 대우를 받을 수 있도록 도와주는 영어 독학 프로젝트의 시작 가이드입니다.

값 15,000원

03000

9 791193 084380

ISBN 979-11-93084-38-0

표지 디자인   본 도서는 ChatGPT의 도움으로 집필된 서적이며
어비   어비의 ChatGPT로 출간하기 프로젝트를 통해서 만들어졌습니다.